La realidad: Antisemitismo y BDS, dos caras de una misma moneda

Second Edition, Volume 2

Daniel Farcas

Published by Daniel Farcas, 2024.

LA REALIDAD: ANTISEMITISMO Y BDS, DOS CARAS DE UNA MISMA MONEDA

First edition. May 22, 2024.

ISBN: 979-8224563074

Written by Daniel Farcas.

I. INTRODUCCIÓN

II. PROBLEMATIZACIÓN DEL ANTISEMITISMO

Discusión sobre las diferentes definiciones de antisemitismo a lo largo de la historia.

El problema religioso
El problema racial
El problema ideológico

III. LA RELACIÓN ENTRE ÁRABES Y JUDÍOS

Contextualización del vínculo entre árabes y judíos desde la perspectiva de sus diferencias.

El conflicto árabe-judío
Los árabes y los nazis
Los árabes y el Estado de Israel
La causa palestina
Conflicto Territorial
Problema religioso

IV. MOVIMIENTO DE BOICOT, DESINVERSIÓN Y SANCIONES (BDS)

Panorama general del movimiento BDS

Descripción oficial existente de BDS

BDS y el reclamo de antisemitismo

Argumentos sobre qué aspectos del BDS evidencian una postura y acción antisemitas

Doble rasero en materia de derechos humanos

Deslegitimar al Estado de Israel

RECONOCER

Quiero agradecer sinceramente a las siguientes personas y organizaciones:

Universidad Bar Ilán:

- Profesor Michael Ehrlich: Estoy profundamente agradecido por su inquebrantable apoyo y orientación durante todo el proceso de escritura. Su experiencia y conocimiento han enriquecido enormemente este libro.

La Agencia Judía:

- Revitale Einstein, Natalia Sidón y Ella Mirzaib: extiendo mi más sincero agradecimiento a cada uno de ustedes por sus valiosas contribuciones y asistencia. Sus diversas perspectivas y entendimientos han sido indispensables para brindar una visión integral.

Directivos de la Comunidad Judía de Chile:

- Ariela Agosin, Daphne Englander, Gabriel Silber y Grace Agosin: Expreso mi agradecimiento por su papel al brindar conocimientos y perspectivas de la comunidad judía de Chile. Su apoyo y colaboración han sido esenciales para captar la esencia de sus experiencias.

Comunidad de Chilenos en Israel:

- Gabriel Colodro, Hernán López, Daniel Weinstein y Sivan Gobrin: Quiero extender mi profundo agradecimiento a cada uno de ustedes de la comunidad de chilenos en Israel. Su inquebrantable apoyo y aliento han sido invaluables para arrojar luz sobre las experiencias de los chilenos que viven en Israel.

Mi esposa, Pamela Werbin:

- Me gustaría agradecer el increíble apoyo y asistencia brindado por mi esposa, Pamela Werbin, durante todo el proceso. Su inquebrantable dedicación y fe en este proyecto han sido una fuente constante de motivación e inspiración.

Mi madre, Clara Guendelman:

- Me gustaría expresar mi agradecimiento a mi madre, Clara Guendelman, por su ayuda con la traducción y su continuo apoyo. Su fe inquebrantable en este proyecto ha sido una guía fuerza

A mi Alberto Farcas, la inteligencia y sabiduría de mi padre pero aún más importante su guía constante y apoyo incondicional.

La familia Farcas Guendelman

- Extiendo mi más sincero agradecimiento y gratitud a mis padres, Alberto y Clara, y a mis hermanos, David, Alan y Claudia. Su compromiso inquebrantable con Israel y su apoyo a este proyecto han sido una fuente constante de inspiración.

Individuos y organizaciones que promueven a Israel:

- Ron Brumner: Gracias por su liderazgo en la lucha contra el nuevo antisemitismo y el movimiento BDS.

- Miriam Feinberg: Le expreso mi más sincero agradecimiento por su firme defensa del derecho de Israel a existir y vivir en paz.

Quiero destacar también el importante trabajo de Olga Nurie y su siempre disposición para ayudar y colaborar con Hasbara.

- MK Shareen Haskel: Estoy agradecido por su incansable trabajo y por su compromiso para explicar la verdad sobre Israel.

- Marion Reinenger el coautor de este libro, siempre ha trabajado duro y profesionalmente. ¡Ella es genial!

I. INTRODUCCIÓN

El libro ofrece una descripción general completa de los argumentos que rodean la afirmación de que el movimiento BDS es antisemita, arrojando luz sobre las complejidades del antisemitismo moderno. A pesar de los horrores inimaginables sufridos por el pueblo judío a lo largo de la historia, incluidos los pogromos, las inquisiciones y el Holocausto, el antisemitismo sigue siendo una fuerza predominante e influyente en la sociedad actual. Es crucial comprender el vínculo vital entre los líderes árabes y la perpetuación del antisemitismo en Medio Oriente y a nivel mundial, así como la contaminación del campo progresista con antisemitismo, lo que plantea desafíos para los partidos de izquierda y los individuos judíos dentro de los espacios progresistas.

Uno de los aspectos clave discutidos es el desarrollo del antisemitismo en la historia, que comenzó profundamente arraigado en una dimensión religiosa. Los prejuicios y estereotipos a lo largo del tiempo han convertido a los judíos en chivos expiatorios de los males sociales, lo que ha dado lugar a estereotipos, discriminación y prejuicios en diferentes campos. Entonces, la dimensión racial del antisemitismo ha sido una fuerza impulsora detrás de la idea errónea de la inferioridad judía que ha llevado a la discriminación y persecución de este colectivo. Se examina cómo estos prejuicios raciales han sido utilizados para justificar actos de violencia y opresión, perpetuando actitudes dañinas hacia el pueblo judío. Además, el libro explora la dimensión ideológica del antisemitismo, destacando cómo ciertas ideologías políticas todavía están ligadas a actitudes antisemitas. La propaganda antisemita se ha utilizado para promover agendas políticas y demonizar al pueblo judío, apoyando a grupos y movimientos extremistas en la promoción de ideologías antisemitas.

El conflicto árabe-judío es otro aspecto importante discutido, abordando las tensiones históricas entre las comunidades árabe y judía y el papel del antisemitismo como combustible para estos conflictos. Arroja luz sobre la compleja dinámica en juego en este conflicto de larga data. Y también examina las conexiones históricas entre los líderes árabes y los nazis, explorando las formas en que las ideologías antisemitas han evolucionado en el mundo árabe hasta la llegada de la causa palestina.

También profundiza en el preocupante aumento del antisemitismo en Chile, con especial atención en el papel de la comunidad chilena palestina organizada en el fomento del odio y la discriminación contra los judíos. Al explorar estas diversas dimensiones del antisemitismo, el libro pretende enfatizar la larga historia de esta forma de discriminación y la necesidad urgente de enfrentar y combatir esta amenaza duradera.

En conclusión, este libro ofrece un análisis crítico del antisemitismo desde diversas perspectivas, proporcionando valiosas ideas sobre las formas en que las actitudes antisemitas se manifiestan en la sociedad. Al examinar las dimensiones religiosas, raciales, ideológicas y políticas del antisemitismo, el libro enfatiza la importancia de abordar y combatir el antisemitismo para promover la tolerancia y el entendimiento entre diferentes comunidades. Es esencial enfrentar esta amenaza duradera para garantizar una sociedad más inclusiva y tolerante para todos.

II. PROBLEMATIZACIÓN DEL ANTISEMITISMO

Antisemitismo, la animosidad profundamente arraigada y la discriminación contra los judíos han plagado la historia de la humanidad durante siglos. Desde violentos pogromos y brutales inquisiciones hasta las horribles cámaras de gas del Holocausto, el pueblo judío ha sufrido inmensamente debido al odio que ha enfrentado. A pesar de todos los esfuerzos para combatir y erradicar este prejuicio, el antisemitismo sigue siendo un problema persistente y alarmante en la sociedad contemporánea. La manifestación moderna de este odio se puede ver en el movimiento de Boicot, Desinversión y Sanciones (BDS), que cada vez más se identifica como una nueva forma de antisemitismo, una amenaza genuina para las comunidades judías.

Los judíos, abarcando percepciones negativas y antisemitismo, han sido definidos a lo largo de la historia con diferentes definiciones y énfasis dependiendo de los principales problemas del período y el lugar donde ocurrieron. En términos generales, se refiere a la hostilidad hacia los judíos, que abarca percepciones y estereotipos negativos, discriminaciones y odio contra personas judías, sus propiedades, instituciones e instalaciones religiosas, basadas en prejuicios religiosos, raciales, étnicos y culturales.

Aunque el antisemitismo caracterizó toda la historia del pueblo judío, hay dos hechos principales que deben distinguirse: la Inquisición y el Holocausto. La Inquisición que entiende el antisemitismo como un problema religioso y el Holocausto que identifica el antisemitismo como un problema racial.

El problema religioso

El antiguo odio a los judíos tenía sus raíces principalmente en diferencias religiosas. Los judíos eran vistos como diferentes y extraños. Sufrieron burlas hasta el punto de separarse debido a sus prácticas religiosas. Los judíos eran considerados forasteros y a menudo se les culpaba de los problemas sociales. La primera ola de antisemitismo, según Lewis (2006), surgió con la llegada del cristianismo porque los judíos rechazaron a Jesús como el Mesías. Luego vino el mito del deicidio -muerte de Dios-, responsabilizando a los judíos de la crucifixión de Jesús.

Durante la Edad Media, el pueblo judío a menudo se veía atrapado en medio de diversos conflictos. Sus experiencias durante este tiempo variaron según la región y la época específicas. Sin embargo, hubo varios temas comunes que impactaron a las comunidades judías en todo el mapa. Un desafío importante al que se enfrentaron las comunidades judías durante la Edad Media fue el antisemitismo generalizado. Los judíos todavía experimentaban discriminación, prejuicios y violencia basados en factores económicos y sociales. Este antisemitismo fue alimentado por creencias religiosas, como la noción de los judíos como "asesinos de Cristo" o como la encarnación de la "otredad" en las sociedades cristianas.

Las comunidades judías específicamente en Europa sufrieron brotes periódicos de violencia, conocidos como pogromos, que resultaron en la destrucción de hogares y sinagogas judías y la pérdida de vidas. Estaban sujetos a leyes y restricciones opresivas. Estas incluían restricciones a la propiedad de la tierra, limitaciones a determinadas profesiones y el requisito de llevar ropa o símbolos distintivos para marcar su identidad. Los judíos eran frecuentemente confinados en áreas segregadas conocidas como guetos, lo que limitaba su interacción social con los no judíos. Estas medidas tuvieron un impacto significativo en el orden económico de las comunidades judías.

A menudo estaban excluidos de los gremios y tenían limitaciones en su capacidad para participar en ciertos oficios. Como resultado, muchos judíos recurrieron al préstamo de dinero, una profesión que se consideraba necesaria pero a menudo vilipendiada. Esto contribuyó a la perpetuación de estereotipos negativos y sentimientos antisemitas.

En general, las comunidades judías durante la Edad Media se encontraron atrapadas en una compleja red de prejuicios, discriminación y violencia, por un lado, mientras contribuían a la sociedad y preservaban su identidad cultural, por el otro. Sus experiencias durante este período moldearon la trayectoria de la historia judía y sentaron las bases para los desafíos y logros que siguieron. También desempeñaron papeles económicos, culturales e intelectuales vitales en la sociedad. Los eruditos judíos hicieron importantes contribuciones a la filosofía, la medicina y los textos religiosos. Las comunidades judías fueron a menudo intermediarios clave entre diferentes culturas, sirviendo como traductores y comerciantes. Por ejemplo, en la España gobernada por el Islam, las comunidades judías florecieron e hicieron contribuciones significativas en diversos campos del conocimiento y la cultura. Finalmente, siglos de marginación convirtieron la educación en la única herramienta disponible para que un individuo judío se desarrollara en la sociedad.

Pero pasada la Edad Media, en 1492 el Rey Católico firma en Granada la expulsión de la población judía de los territorios de las coronas de Castilla y Aragón, buscando supuestamente la unidad religiosa de sus dominios, ratificando su identidad católica al distinguirse de los no -Católicos.

El problema racial

El término semítico se refiere a los colectivos y sus descendientes que hablan lenguas semíticas, conocidas principalmente como lenguas hebrea y árabe, aunque existen otras. A mediados del siglo XIX, en los estudios de lingüística se pueden ver distinciones entre las lenguas semíticas y las indoeuropeas, que pasaron a denominarse arias. En aquella época el concepto de semítico se refería únicamente a la lengua. Más tarde, no sólo hubo una distinción entre la lengua semítica y la indoeuropea o aria, sino una diferencia de voz inferior y superior que las teorías raciales adoptaron para explicar las razas inferiores y superiores. Definir la lengua del pueblo y sus expresiones culturales semíticas como parte de su raza, implica que estos grupos compartían algunas características (físicas) que los identifican y que no pueden cambiarse. Estas características raciales evolucionaron a las características étnicas que mantuvieron la idea de características compartidas (ahora culturales) que los identifican y que no pueden cambiarse. Según Bauer, "el judío sigue siendo judío y no puede ser cambiado mediante el bautismo, la asimilación o la aculturación" (p. 40).

El concepto de darwinismo social ganó prominencia. Según esta teoría, la competencia entre individuos y razas se consideraba una necesidad biológica, y sólo los "más aptos" deberían prosperar. Esto llevó al uso de criterios pseudocientíficos para establecer una jerarquía de razas, etiquetando a los judíos a menudo como una raza corrupta y parasitaria.

En la Europa de finales del siglo XIX, una de las nuevas ideologías fue el nacionalismo. Los judíos también lo sintieron, excepto que su nacionalismo en Europa occidental no era judío. Como explica Amos Elon, "muchos, si no la mayoría, de los estudiantes judíos en Austria eran fervientes patriotas alemanes". Estaba Bismarck, que desde una Prusia resurgente y militarista, unificó en aquel momento las tierras alemanas con guerras que no tenían otro fin. También hubo judíos en otros países que se volvieron nacionalistas en sus respectivos países, especialmente en Francia, y fueron generalmente rechazados. El discurso nacionalista en todas partes representaba al judío como un extraño, un miembro de un grupo étnico y una cultura diferentes y, por lo tanto, carente de la esencia biológica que supuestamente define la "nación". Aunque sin duda el caso más extremo ha sido el del nacionalismo alemán, fue igual en todas partes.

El nacionalismo alemán se alimentaba de la teoría del sanscritista Max Müller, que afirmaba que los alemanes eran los descendientes más puros de la raza "aria": nómadas rubios, blancos y de ojos azules que miles de años atrás habían surgido de Asia Central y habían migrado por todas partes. direcciones, vendiéndolo todo. ¿Cuál fue el propósito de Muller? Como cristianos, los alemanes se vieron obligados a sentirse producto del judaísmo, porque la cosmología cristiana sitúa su pasado "heroico" en el "Antiguo Testamento", la historia del pueblo de Israel. El antisemitismo alemán -antisemita en su esencia- necesitaba, por tanto, un nuevo mito de sus orígenes, y eso fue lo que resolvió la nueva Mitología de Múller. El fracaso científico de la teoría no perjudicaría de ninguna manera su éxito cultural (¡incluso hoy!) y fue la famosa base ideológica de los nazis. Pero ya en el siglo XIX fue muy popular, y además de servir de herramienta a Bismarck, promovió un muy doloroso rechazo hacia todos los judíos que amaban a Alemania.

Según esto, el antisemitismo moderno en el siglo XIX estuvo más influenciado por el racismo y luego por el nacionalismo. Fue impulsado por el surgimiento del Estado-nación, las tensiones sociales y los acontecimientos económicos y políticos. El crecimiento demográfico y la competencia por los recursos contribuyeron al surgimiento de nuevas formas de antisemitismo, que buscaban explicar o encontrar un chivo expiatorio para el sufrimiento social.

Aunque hubo períodos repletos de "cruel persecución y destrucción de comunidades judías enteras" (Ettinger, 1998, p. 111), Ettinger afirmó que nunca hubo ninguna afirmación de que "el destino de los pueblos, e incluso el destino mismo de los mundo, dependía de su actitud hacia los judíos y de la definición de su estatus por parte de las naciones entre las que residían, como alegan los antisemitas contemporáneos" (1998, p. 111). En las décadas de 1870 y 1880, el antisemitismo experimentó un cambio fundamental y sin precedentes en la forma en que se expresaba en toda Europa, lo que desde entonces se ha denominado "antisemitismo moderno". Se trataba de un antisemitismo que se difundió como "una ideología y un movimiento político y social" (Ettinger, 1998, p. 111). Bauer (2020a) afirmó además que "el antisemitismo nazi también fue una continuación y una mutación del odio a los judíos que lo convirtió en el motivo político central en un momento en que el nacionalismo estaba evolucionando hacia el racismo en la segunda mitad del siglo XIX y la primera mitad del siglo XIX. el siglo XX."(Kantor 2021)

El profesor Kantor afirma que el antisemitismo moderno en su forma moderna, el término "antisemitismo", fue acuñado por primera vez en 1879 por Wilhelm Marr, un pensador antisemita alemán del siglo XIX (Bauer, 1993; Zimmermann, 1982/1986), reemplazando el término "odio a los judíos" (Odio a los judíos). En un estudio realizado por Bauer (1993), se ha revelado que Marr pretendía utilizar el término "nacionalismo científico" durante la segunda mitad del siglo XIX como un medio para describir un tipo de ideología moderna que era científica, ultranacionalista, anticristiano y racista (p. 39). Bauer describió que el nuevo odio a los judíos se había desarrollado en una atmósfera que requería "adherencia, o supuesta adherencia, a ciencias como la biología, la genética, la antropología y la medicina, es decir, las 'ciencias de la vida'.

El problema ideológico

El odio hacia los judíos persistió incluso después del Holocausto, y el antisemitismo adoptó nuevas formas, comoantisionismo y críticas a Israel. Lewis (2002) denomina a la tercera ola de antisemitismo la ideológica. Se asocia con los árabes y sostiene que surgió en parte debido al establecimiento del Estado de Israel. Explica que el antisemitismo en el mundo musulmán adoptó formas occidentales de antisemitismo debido a las victorias militares israelíes en 1948 y 1967. Esto explica el debate relevante sobre la distinción entre antisionismo y antisemitismo. El antisionismo se refiere a la oposición al Estado de Israel y sus políticas, mientras que el antisemitismo apunta a los judíos como individuos o como pueblo colectivo. Sin embargo, muchos argumentan que las uniones pueden tener sus raíces en antiguas ideas antisemitas, lo que hace que la delimitación entre ambas sea borrosa.

Muchos esperaban que la derrota del nazismo marcara un punto de inflexión en la aceptación del antisemitismo. Sin embargo, la historia ha demostrado que esta suposición es falsa. De hecho, la verdad es todo lo contrario. El antisemitismo nunca desaparece realmente; continúa persistiendo en diversas formas a lo largo de diferentes períodos de la historia. Lipstadt (), afirma que existen razones sólidas para reconocer cuán lejos estamos de alcanzar el objetivo deseable de erradicar el antisemitismo. Señala que sentimientos similares se expresaron tras la condena de la Inquisición, el sufrimiento causado por los pogromos e incluso tras el juicio injusto de Alfred Dreyfus. Durante siglos, el antisemitismo ha demostrado resiliencia, sobreviviendo de diferentes formas y encontrando nuevas justificaciones para su existencia.

Un aspecto importante a comprender es la estrecha relación entre el antisionismo y el antisemitismo. El antisionismo, que se opone a la existencia de un Estado judío en Israel, tiene sus raíces en antiguas ideas antisemitas. La creencia de que los judíos no tienen derecho a una patria o a la autodeterminación demuestra una forma de discriminación y prejuicio contra el pueblo judío en su conjunto. De esta manera, el antisionismo se convierte en una manifestación moderna de antisemitismo, que perpetúa las mismas ideologías dañinas que amenazaron la existencia judía a lo largo de la historia.

Se ha convertido en un fenómeno global que influye en todos los espectros políticos, incluidas las ideologías fundamentalistas y los movimientos que rechazan el orden existente. Incluso las ideologías arraigadas en movimientos progresistas, como el anticapitalismo, incorporaron conceptos de raza y sangre que perpetuaron aún más las ideas antisemitas. La hostilidad subyacente hacia los judíos y el judaísmo, incluso cuando se defendía la igualdad civil judía, anulaba la importancia de tales principios. Esta persistencia y adaptabilidad del antisemitismo resalta la necesidad de continuar investigando y comprendiendo su desarrollo histórico y sus manifestaciones contemporáneas (Kantor, 2021).

Como también recuerda Kantor, en el pasado, los eruditos clásicos como Theodor W. Adorno consideraban el antisemitismo como la manifestación de opiniones negativas estereotipadas que retratan a los judíos como amenazantes, inmorales y fundamentalmente diferentes del resto del mundo conocido como no judíos, a menudo conduciendo a conductas de restricción, exclusión y discriminación. El antisemitismo actual, como menciona Lewis (2002), establece prejuicios dirigidos contra personas diferentes al resto, juzgando a los judíos con estándares diferentes y acusándolos de maldad cósmica, lo que no parece muy diferente a lo que Adorno expresó hace más de medio siglo. hace años que.

A finales del siglo XX y principios del XXI hemos sido testigos de un aumento de esta nueva forma de antisemitismo, que a menudo se manifiesta como antisionismo y crítica al gobierno israelí, que se caracteriza por expresiones de odio cada vez más violentas hacia los judíos. En Europa, particularmente en Europa occidental, ha habido un aumento de los incidentes antisemitas, que algunos atribuyen a la Segunda Intifada, un período de aumento del conflicto entre Israel y Palestina. El aumento del antisemitismo en Europa occidental ha alarmado a los observadores y ha provocado debates sobre la naturaleza y los orígenes de este fenómeno.

Figuras como Pilar Rahola, una periodista española, han defendido el derecho de Israel a existir y han destacado los peligros del antisemitismo disfrazado de ideologías progresistas o anticapitalistas. Rahola sostiene que la lucha de Israel contra el terrorismo no es sólo suya sino una lucha por la libertad, la modernidad y la cultura.

El informeInforme mundial sobre antisemitismo 2021[1], del Centro para el Estudio de los Judíos Europeos Contemporáneos de la Facultad de Humanidades de la Universidad de Tel Aviv, se basa en el análisis de docenas de estudios de todo el mundo, así como en información de organismos encargados de hacer cumplir la ley, medios de comunicación y organizaciones judías. En Estados Unidos, que tiene la mayor población judía fuera de Israel, el número de crímenes de odio antijudíos registrados tanto en Nueva York como en Los Ángeles fue casi el doble que el del año anterior. Algunos de los resultados son los siguientes: En Francia, el número de incidentes antisemitas registrados aumentó casi un 75% en comparación con 2020. En Canadá, un importante grupo judío informó de un récord de 40 años de violencia física antisemita en un mes, agosto. En el Reino Unido, el número de agresiones físicas registradas contra judíos aumentó un 78% en comparación con 2020. En Alemania, los incidentes antisemitas registrados por la policía aumentaron un 29% en comparación con 2020 y un 49% en comparación con 2019. Australia también experimentó un fuerte aumento en registró incidentes antisemitas, con 88 sólo en mayo, el total mensual más alto jamás registrado. Hay muchos temas diferentes que han ido mostrando una situación aterradora. Las señales son claras y

1. https://cst.tau.ac.il/wp-content/uploads/2022/04/Antisemitism-Worldwide-2021.pdf

transparentes, y esto está creciendo peligrosamente. El informe identifica a Estados Unidos, Canadá, el Reino Unido, Alemania y Australia entre los países donde hubo un fuerte aumento del antisemitismo". Esta situación ha sido el resultado de las características únicas del pueblo judío que pueden ser odiados por los radicales. Movimientos políticos de izquierda y derecha. A eso hay que añadir el ingrediente más complejo que juega un papel clave: la incitación en las redes sociales.

El siglo XXI ha tenido nuevas formas, a veces sutiles y nefastas, de atacar a los judíos. El 27 de enero de 2018, aniversario de la liberación del campo de concentración de Auschwitz-Birkenau, la legislatura polaca prohibió mencionar el papel de los polacos en el asesinato de judíos durante la Segunda Guerra Mundial. Dos meses después, durante una gira de promoción de El libro del Éxodo, la colección de ensayos del fotógrafo y escritor Mikolaj Grynberg, un miembro de la audiencia interrumpió el comentario del moderador de que ya no le daba vergüenza identificarlo como judío. "Seamos honestos el uno con el otro, usted no es polaco", dijo el hombre. "Yo lo soy, pero tú no, y ambos lo sabemos perfectamente bien, ¿no?" Cuando Grynberg preguntó a los miembros de la audiencia si estaban de acuerdo, todos se miraron los zapatos; algunos murmuraron que estaba bien. El moderador permaneció en silencio.

El investigador Kantor afirma, en efecto, "una Europa unida, decidida a promover los valores del liberalismo y la igualdad ante la ley y garantizar la dignidad y la libertad humanas". De todos lados se escucharon consignas alentadoras, como "Nunca más Auschwitz". Muchos tenían un fuerte deseo de borrar los 12 años de terror de la Alemania nazi".

El Observatorio Europeo del Racismo y la Xenofobia (EUMC) (reemplazado en 2007 por la Agencia de Derechos Fundamentales) ha estado exponiendo que los ataques antisemitas han ido creciendo exponencialmente en Francia, y han sido crueles y violentos. Desde muy temprano ha habido una ola de incidentes antisemitas en Francia. Y hay muchos "Ejemplos diferentes de cómo se manifiesta el antisemitismo en relación con el Estado de Israel teniendo en cuenta el contexto general:" En este contexto, no es difícil entender por qué a los países europeos les resulta tan difícil comprender o aceptar ¿Por qué los judíos realmente podrían tener derecho a la autodeterminación?

El director ejecutivo de la comunidad chilena en Inglaterra afirmó: "Hoy enfrentamos con horror el negacionismo y la banalización del Holocausto, así como un aumento del antisemitismo. El presidente del Museo del Holocausto Yad Vashem, Dani Dayan, ha dicho que es evidente que El antisemitismo está resurgiendo en todo el mundo y añade que: "Si sucedió una vez, puede volver a suceder".

III. LA RELACIÓN ENTRE ÁRABES Y JUDÍOS

Probablemente una de las ideas más problemáticas que los árabes han tenido sobre los judíos es la siguiente: acusaron a los judíos de "subvertir el cristianismo", ahora se alega que están subvirtiendo el Islam y "tratando de aplastar y destruir la creencia en Alá". (pág. 180). Es decir, mientras que las disputas "nacionales", "territoriales" y "políticas" antes se basaban en elementos tradicional-religiosos (Wistrich, 2009; Achcar, 2010). En su artículo, Wistrich menciona la idea fundamentalista de un "mundo sin Israel". Sostiene que esto constituye una "conspiración multidimensional atribuida a Israel y los judíos que es inaccesible a cualquier discurso racional", lo que la hace extremadamente peligrosa (Wistrich, 2009, p. 179).

Antes del establecimiento del Estado de Israel en 1948, las relaciones árabe-judías en la región eran complejas y a menudo marcadas por tensiones. Hubo casos en los que personas o grupos árabes iniciaron boicots y otras formas de discriminación contra personas y empresas judías por diversas razones. Aquí están algunos ejemplos:

1. Boicots liderados por árabes: Algunos líderes y organizaciones árabes pidieron boicots a empresas y productos de propiedad judía. Estos boicots tenían como objetivo socavar la presencia económica de la comunidad judía y mostrar oposición al sionismo, el movimiento político que aboga por una patria judía en Palestina.

2. Violencia y disturbios: También hubo brotes esporádicos de violencia y disturbios entre las comunidades judía

y árabe. Estos enfrentamientos a menudo surgieron de tensiones políticas, disputas de tierras y aspiraciones nacionales en conflicto.

3. Oposición a la inmigración judía: Los líderes árabes y algunos segmentos de la población se opusieron a la inmigración judía a Palestina.

El conflicto y las tensiones se intensificaron en los años previos al establecimiento de Israel, y el actual conflicto palestino-israelí continúa afectando las relaciones árabe-judías en la región en la actualidad. Es importante abordar la historia de este período con sensibilidad y esforzarse por comprender las complejidades y la diversidad de experiencias y perspectivas.

El conflicto árabe-judío

Históricamente, los líderes árabes en Medio Oriente y en todo el mundo han desempeñado un papel importante en la perpetuación y promoción del sentimiento antisemita. El conflicto árabe-israelí ha intensificado el odio hacia los judíos, lo que ha resultado en un ambiente hostil para el pueblo judío. La propaganda antiisraelí, la negación del derecho de Israel a existir y la perpetuación de estereotipos dañinos sobre los judíos son comunes entre los líderes árabes, lo que alimenta aún más las llamas del antisemitismo. La influencia que ejercen estos líderes en la formación de la opinión pública es inmensa y su retórica antisemita puede extenderse rápidamente y ganar aceptación entre sus seguidores.

Es inquietante conocer la estrecha relación de los árabes de Palestina y los líderes antisemitas de todo el mundo. Lamentablemente, en su opinión, este no es un fenómeno nuevo: "Los judíos son descritos como explotadores despiadados, tortuosos, egoístas y crueles". Además, se describe al pueblo judío como siempre conspirando y planificando, y básicamente como individuos corruptos, malvados y satánicos.9

Según Wistrich (2009), el antisemitismo expresado en el discurso del Islam radical es actualmente la amenaza más grave tanto para los judíos que viven en Israel como para los judíos en Europa y Estados Unidos. Afirma que el antisemitismo musulmán está relacionado con la "jihad" (guerra santa), las redes terroristas que se han extendido por todo el mundo y el objetivo reconocido de lograr la "hegemonía musulmana". Wistrich dice que el fundamentalismo islámico también presenta una combinación de "un culto a la muerte y suicidios terroristas de la yihad" y "fanáticos mesiánicos". Como escribe Wistrich, "estos le dan una dimensión peligrosa: una combinación de voluntad de suicidarse y la intención de cometer genocidio. En Irán, por ejemplo, el régimen es extremista y realmente peligroso.

Irán ha estado planeando y ejecutando actos de terrorismo no sólo contra judíos y no judíos en Israel sino también contra la embajada de

Israel en Buenos Aires, y ha sido acusado de planificar y ejecutar el mayor acto de terrorismo contra judíos después del Holocausto, la AMIA. (Organización Judía Argentina) golpe. Irán es la conexión entre el Islam y el genocidio (con Israel como objetivo principal), es decir, un segundo Holocausto y la negación del Holocausto que ya ha ocurrido" (p. 179). La imagen del "judío" creada por el mundo árabe musulmán presenta estereotipos clásicos.

Es una paradoja cuando se compara la situación de los refugiados árabes en los países árabes con su estatus en Israel como ciudadanos árabes:

> 1. Situación jurídica: Los refugiados árabes en los países árabes suelen ser considerados personas desplazadas que han huido de sus países de origen debido a conflictos, persecución o inestabilidad. A menudo, organizaciones internacionales como el ACNUR les conceden el estatus de refugiados y están sujetos a las protecciones y limitaciones que conlleva ese estatus. Por otro lado, los ciudadanos árabes en Israel son reconocidos oficialmente como ciudadanos y tienen derecho a votar, postularse para cargos públicos y disfrutar de cierto nivel de protección legal.
>
> 2. Condiciones socioeconómicas: Los refugiados árabes en los países árabes a menudo enfrentan desafíos como un acceso limitado al empleo, la educación, la atención médica y los servicios sociales. Pueden vivir en campos de refugiados o comunidades marginadas. Por el contrario, los ciudadanos árabes en Israel pueden acceder a la educación, el empleo, la atención sanitaria y los servicios sociales, aunque todavía enfrentan algunas disparidades socioeconómicas en comparación con otros ciudadanos israelíes.
>
> 3. Participación política: los refugiados árabes generalmente

tienen derechos políticos o representación limitados en sus países de acogida. Es posible que no tengan la oportunidad de participar en el proceso político o influir en la toma de decisiones. Por el contrario, los ciudadanos árabes en Israel tienen derecho a votar y tener representación en la Knesset. Sin embargo, los ciudadanos árabe-israelíes en ocasiones han enfrentado desafíos para lograr sus objetivos políticos y en ocasiones se han sentido marginados o discriminados dentro de la sociedad israelí.

4. Integración y asimilación: Los refugiados árabes en los países árabes enfrentan desafíos en términos de integración y asimilación. Las barreras lingüísticas, las diferencias culturales y las restricciones legales podrían obstaculizar su capacidad para integrarse plenamente en las sociedades de acogida. Los ciudadanos árabes en Israel, si bien enfrentan cierta polarización y discriminación social, pueden ser parte de la sociedad israelí y participar en diversos aspectos de la vida, aunque algunos árabes israelíes pueden enfrentar desafíos en términos de asimilación total debido a diferencias culturales y de identidad. Pero claro, para ellos es mucho más fácil en comparación con un judío de Etiopía y otro que acaba de llegar de Ucrania.

Es importante señalar que ambos grupos enfrentan circunstancias y desafíos únicos y deben evitarse las generalizaciones. Las situaciones y experiencias de los refugiados árabes en los países árabes y de los ciudadanos árabes en Israel están influenciadas por dinámicas políticas complejas, conflictos regionales, factores históricos y las políticas de los respectivos estados.

El boicot árabe a los productos judíos en el Mandato Palestino fue declarado y aplicado de diversas maneras, la mayoría de ellas localmente, en los primeros días del Mandato Británico para Palestina en la década de 1920. Como lo publicó ampliamente la prensa, por ejemplo, en un artículo publicado en 1925, titulado*Boicot a los comerciantes judíos*, Haaretz informó que los jóvenes árabes en Jerusalén habían establecido un movimiento "cuyo objetivo era distribuir sólo los bienes de los comerciantes árabes". Específicamente, el artículo citaba el llamado a un boicot publicado en un periódico árabe: "No compren a los judíos, vengan y negocien con el comerciante árabe, el comerciante que se enfrenta a la bancarrota, y fortalézcalo. Debemos boicotear completamente a los judíos".

Es realmente triste confirmar que el boicot árabe contra los judíos no sólo comenzó primero en Palestina y luego en Alemania, sino que, lamentablemente, en 1936-1939, los árabes iniciaron otro boicot judío. Los judíos fueron abiertamente perseguidos y discriminados en Europa en ese momento. La respuesta de los británicos fue limitar drásticamente la inmigración judía a Palestina debido a las demandas de los árabes. Así que la reacción de los árabes ante el sufrimiento y la desesperación de los judíos fue boicotear y cerrar una de las pocas opciones para intentar escapar del horror de la persecución nazi.

"La Liga Árabe organizó y controló el boicot, y su objetivo era boicotear el comercio con empresas que se relacionaban con corporaciones en la lista negra. "El boicot no funcionó como se esperaba, por lo que la Liga Árabe inició una nueva forma de organización". Para supervisar la implementación del boicot, la Liga Árabe creó una Oficina Central de Boicot en Damasco, Siria, en 1951. La historia continuó con los países árabes boicoteando activamente al Estado judío y, como declaró The Haaretz: "Con diferencia, el gobierno israelí más poderoso vecino: el embargo de Egipto al comercio marítimo israelí que pasa por el Canal de Suez y el Golfo de Aqaba resultó ser el elemento más eficaz del boicot antes de 1979, cuando Egipto e Israel firmaron un tratado de paz" (p.10[1]).

1. https://www.fdd.org/analysis/2020/1/20/war-by-other-means/#easy-footnote-bottom-10-100700

Y, finalmente, Henry Levy observa: "¿Cómo puedo abstenerme de recordarles a aquellos cuya memoria está tan llena de agujeros como sus pensamientos que la idea de boicotear a Israel no es tan nueva como parece? De hecho, es más antigua que el Estado judío. , surgido el 2 de diciembre de 1945 de una decisión de la Liga Árabe, que luego no tardó en basarse en esa decisión para rechazar la doble resolución de las Naciones Unidas de crear dos Estados. Entre los promotores de esta brillante idea se encontraban la guerra nazi. criminales que se habían establecido en Siria y Egipto, donde dieron lecciones a sus nuevos maestros sobre cómo marcar tiendas y negocios judíos". De hecho, el boicot árabe contra los judíos comenzó en 1920.

Los árabes y los nazis

Durante la Segunda Guerra Mundial, el alineamiento y las interacciones entre algunos árabes y los nazis fueron complejos y multifacéticos, pero es cierto que hubo casos de colaboración y simpatía hacia la Alemania nazi, que son cruciales para ser examinados en el contexto del panorama geopolítico más amplio. . Un hito histórico de la relación entre comunidades árabes y judías que hay que mencionar es lo ocurrido con los líderes musulmanes y el régimen nazi, concretamente con el gran muftí de Jerusalén y Hitler. Como el Fondo Mundial cuatro comenta, el Gran Muftí de Jerusalén fue probablemente el líder más famoso y popular del mundo árabe e islámico de su época y, sin duda, una figura clave en la sociedad palestina. Pero además de eso, era un partidario comprensivo del nacionalsocialismo y buscaba activamente plantear la ideología nazi y reunirse con Hitler, lo que tendría enormes consecuencias.implicaciones para el futuro de Oriente Medio, lo que plantearía una duda legítima sobre el compromiso palestino con la relación de paz con los judíos.

La Alemania nazi fue admirada por gran parte del mundo islámico. Incluso Anwar Sadat elogió a Hitler todavía en los años cincuenta. Mientras tanto, tanto Hitler como Himmler admiraban muchos aspectos del Islam. Los nazis y los árabes compartían una cuestión crucial con respecto a los judíos. Es notable pero al mismo tiempo despreciable lo que ocurrió cuando los alemanes escucharon a Hammed Amin al-Husseini llamando a los árabes[1] para "matar a los judíos dondequiera que los encuentres" sabían que habían encontrado un aliado en su terrible ideología.

Haj Amin al-Husseini, Gran Muftí de Jerusalén, de 1921 a 1948, desempeñó un papel importante en la promoción y dirección de boicots contra el pueblo y las empresas judías durante el período del Mandato Británico en Palestina. Tuvo una relación con Adolf Hitler y

1. https://www.firstthings.com/article/2005/08/hitlers-mufti

los nazis. Durante la década de 1940, Haj Amin al-Husseini, el Gran Mufti de Jerusalén, tuvo una relación controvertida con Adolf Hitler y los nazis. Al-Husseini, como destacado líder nacionalista palestino, buscó obtener el apoyo árabe para la causa palestina y la independencia del dominio británico. En 1941, al-Husseini se reunió con Adolf Hitler en Berlín y expresó su apoyo a las políticas antisemitas de los nazis. Buscó el respaldo de Hitler para el establecimiento de un estado árabe en Palestina y colaboró con la Alemania nazi. Al-Husseini apoyó activamente la "Solución Final" de Hitler y difundió propaganda nazi en los países árabes, incluida la transmisión de mensajes antisemitas en Radio Berlín.

Además, al-Husseini tenía conexiones con unidades nazis de las SS y reclutó activamente a musulmanes de Bosnia-Herzegovina y otras áreas para servir en estas unidades. Desempeñó un papel en la formación de la división SS "Handzar" compuesta principalmente por musulmanes bosnios. Sin embargo, es importante señalar que la colaboración de al-Husseini con los nazis no representó las opiniones o acciones de todos los palestinos o musulmanes.

El conflicto y las tensiones se intensificaron en los años previos al establecimiento del Estado de Israel, y el actual conflicto palestino-israelí continúa afectando las relaciones árabe-judías en la región en la actualidad. Es importante abordar la historia de este período con sensibilidad y esforzarse por comprender las complejidades y la diversidad de experiencias y perspectivas tanto entre árabes como entre judíos.

Al-Husseini, que se oponía abiertamente al sionismo y a la inmigración judía a Palestina, alentó activamente los boicots económicos de empresas y productos de propiedad judía a través de diversos medios, incluida la organización de protestas y la emisión de fatwas que pedían un boicot. Vio el boicot económico como una forma de socavar la presencia y la influencia judía en la región. Además, al-Husseini también utilizó su papel como líder religioso para incitar a la violencia contra los judíos. Estuvo involucrado en la orquestación de disturbios antijudíos, como los disturbios árabes de 1929 en Palestina, durante los cuales muchos judíos fueron atacados y asesinados.

Como Al-Husseini le explicó más tarde a Hitler[2], los árabes tenían los mismos enemigos que los nazis: los judíos, los ingleses y los rusos. Según el acta alemana de su reunión, Al-Husseini dijo que los musulmanes bajo su dominio "estaban dispuestos a cooperar con Alemania con todo su corazón y estaban dispuestos a participar en la guerra, no sólo negativamente mediante la comisión de actos de sabotaje y la instigación de revoluciones sino también positivamente mediante la formación de una Legión Árabe.".

Hitler reclutó a Al-Husseini. Hitler continuó diciendo[3] que el Muftí parecía "un hombre con más de un ario entre sus antepasados" y lo declaró ario honorario. El Mufti sugirió la creación de una división nazi islámica —una división completa—, esta división se radicalizó a través de una asociación con extremistas islámicos antisemitas.

Las opiniones extremistas de al-Husseini eran y siguen siendo inquietantes, ocupó el líder político musulmán de más alto rango en

---

2. http://www.timesofisrael.com/full-official-record-what-the-mufti-said-to-hitler/

3. https://books.google.ba/books?id=QMts5Z36kjAC&pg=PA47&dq=Al-Husseini+aryan&hl=en&sa=X&ved=0ahUKEwiOn9mRif3SAhVrCMAKHZAOD-moQ6AEIGDAA#v_43ec3e5dee6e706af7766ff-fea512721_onepage_6cff047854f19ac2aa52aac51bf3af4a_q_43ec3e5dee6e706af7766ff-fea512721__0bcef9c45bd8a48eda1b26eb0c61c869_E2_0bcef9c45bd8a48eda1b26eb0c61c869_80_0bcef9c45bd8a48eda1b26eb0c61c869_9Ca_0bcef9c45bd8a48eda1b26eb0c61c869_20man_0bcef9c45bd8a48eda1b26eb0c61c869_20with_0bcef9c45bd8a48eda1b26eb0c61c869_20more_0bcef9c45bd8a48eda1b26eb0c61c869_20than_0bcef9c45bd8a48eda1b26eb0c61c869_20one_0bcef9c45bd8a48eda1b26eb0c61c869_20Aryan_0bcef9c45bd8a48eda1b26eb0c61c869_20among_0bcef9c45bd8a48eda1b26eb0c61c869_20his_0bcef9c45bd8a48eda1b26eb0c61c869_20ances-tors._0bcef9c45bd8a48eda1b26eb0c61c869_E2_0bcef9c45bd8a48eda1b26eb0c61c869_80_0bcef9c45bd8a48eda1b26eb0c61c869_9D_6cff047854f19ac2aa52aac51bf3af4a_f_43ec3e5dee6e706af7766fffea512721_false

Palestina y es difícil creer que no haya influido en la población árabe y, por otro lado, Es difícil entender cómo un representante pudo haber hablado sin el apoyo de las personas que representa. La verdad es que era virulentamente antisemita, con un historial de organización de acciones agresivas contra el pueblo judío en el Medio Oriente.t. También transmitía regularmente propaganda a través de estaciones de radio controladas por los nazis.

Es importante abordar los temas históricos con precisión y reconocer la complejidad de los eventos y actitudes involucradas, entendiendo que individuos como al-Husseini no representan la totalidad de ningún grupo, había diferentes perspectivas dentro de la comunidad árabe y no todos los individuos árabes. o grupos participaron o apoyaron estos boicots o actos de violencia. La colaboración entre el Gran Muftí y los nazis no fue representativa de toda la población árabe. Algunos árabes se opusieron a los nazis y sus políticas, en particular aquellos que se identificaban como antifascistas o simpatizaban con las fuerzas aliadas. De hecho, hubo contribuciones árabes a la causa aliada, con soldados árabes luchando junto a tropas británicas y francesas contra las potencias del Eje.

Un factor que contribuyó a la simpatía árabe por los nazis fueron los agravios históricos y actuales contra las potencias coloniales europeas. Los países árabes habían experimentado durante mucho tiempo la colonización y veían a los británicos y franceses como opresores. Los líderes y nacionalistas árabes vieron una oportunidad de alinearse con Alemania, que también se oponía a estas potencias coloniales, en su lucha por la independencia y la autodeterminación.

Además, el ascenso del nacionalismo árabe influyó en las interacciones árabe-nazis. Los nacionalistas árabes intentaron desafiar la influencia occidental y proteger los territorios árabes del control extranjero. Algunos nacionalistas creían que la cooperación con los nazis podría ayudarlos a lograr sus objetivos, incluso si eso significaba dejar de lado las diferencias ideológicas.

Además, es relevante subrayar que las motivaciones de los árabes que se alinearon con la Alemania nazi eran complejas y no se basaban únicamente en una afinidad ideológica. Algunos veían a los nazis como aliados potenciales contra los colonizadores, pero no necesariamente apoyaban ni respaldaban sus creencias antisemitas. Otros pueden haber sido oportunistas o pragmáticos en sus tratos con los nazis, buscando ganar una posición negociadora más fuerte en el panorama geopolítico.

Al-Husseini formó alianzas con varios movimientos nacionalistas y anti coloniales y buscó apoyo para la causa árabe en diferentes fuentes. En la década de 1930, chocó con las autoridades del Mandato Británico en Palestina, lo que lo llevó al exilio en 1937. Durante su exilio, viajó por todo el mundo árabe, promoviendo los ideales nacionalistas árabes y buscando ayuda contra el control británico.

La colaboración de Al-Husseini con los nazis tuvo un impacto significativo en las percepciones árabes de la comunidad judía, ya que propagó activamente ideologías antisemitas. Su influencia se extendió a los medios de comunicación árabes. Utilizó varias plataformas de medios, como transmisiones de radio y panfletos, para difundir mensajes antisemitas, anti sionistas y anti británicos en todo el mundo árabe. Esta propaganda sirvió para incitar a la violencia contra los judíos en territorios árabes y profundizar las tensiones existentes.

Un factor que contribuyó a la simpatía árabe por los nazis fueron los agravios históricos y actuales contra las potencias coloniales europeas. Los países árabes habían experimentado durante mucho tiempo la colonización y veían a los británicos y franceses como opresores. Los líderes y nacionalistas árabes vieron una oportunidad de alinearse con Alemania, que también se oponía a estas potencias coloniales, en su lucha por la independencia y la autodeterminación. Además, el ascenso del nacionalismo árabe influyó en las interacciones árabe-nazis. Los nacionalistas árabes intentaron desafiar la influencia occidental y proteger los territorios árabes del control extranjero. Algunos nacionalistas creían que la cooperación con los nazis podría ayudarlos a lograr sus objetivos, incluso si eso significaba dejar de lado las diferencias ideológicas.

En 1941, Al-Husseini se reunió con Adolf Hitler en Berlín y, posteriormente, estableció estrechos vínculos con la Alemania nazi. Durante su estancia en Alemania, participó en la propagación del sentimiento antijudío y desempeñó un papel en el reclutamiento de musulmanes de varias partes de Europa para unirse a las Waffen-SS. También buscó movilizar el apoyo a la causa nazi entre las comunidades árabes.

Durante la Segunda Guerra Mundial, el alineamiento y las interacciones entre algunos árabes y los nazis fueron complejos y multifacéticos, pero es cierto que hubo casos de colaboración y simpatía hacia la Alemania nazi, que son cruciales para ser examinados en el contexto del panorama geopolítico más amplio. . Un hito histórico de la relación entre comunidades árabes y judías que hay que mencionar es lo ocurrido con los líderes musulmanes y el régimen nazi, concretamente con el gran mufti de Jerusalén y Hitler. Como señala el Fondo Mundial Cuatro, el Gran Mufti de Jerusalén fue probablemente el líder más famoso y popular del mundo árabe e islámico en su época y, sin duda, una figura clave en la sociedad palestina. Pero además de eso, era un partidario comprensivo del nacionalsocialismo y que buscó activamente plantear la ideología nazi y reunirse con Hitler, lo que tendría enormes implicaciones para el futuro de Medio Oriente, lo que crearía una duda legítima sobre el compromiso palestino. a la relación de paz con los judíos.

La Alemania nazi era admirada por gran parte del mundo islámico. Incluso Anwar Sadat elogió a Hitler todavía en los años cincuenta. Mientras tanto, tanto Hitler como Himmler admiraban muchos aspectos del Islam. Los nazis y los árabes compartían una cuestión crucial con respecto a los judíos. Es notable, pero al mismo tiempo despreciable, lo que ocurrió cuando los alemanes escucharon a Hammed Amin al-Husseini pedir a los árabes que "maten a los judíos dondequiera que los encuentren", sabiendo que habían encontrado un aliado en su terrible ideología.

Haj Amin al-Husseini, Gran Muftí de Jerusalén, de 1921 a 1948, desempeñó un papel importante en la promoción y dirección de boicots contra el pueblo y las empresas judías durante el período del Mandato Británico en Palestina. Tuvo una relación con Adolf Hitler y los nazis. Durante la década de 1940, Haj Amin al-Husseini, el Gran Mufti de Jerusalén, tuvo una relación controvertida con Adolf Hitler y los nazis. Al-Husseini, como destacado líder nacionalista palestino, buscó obtener el apoyo árabe para la causa palestina y la independencia del dominio británico. En 1941, al-Husseini se reunió con Adolf Hitler en Berlín y expresó su apoyo a las políticas antisemitas de los nazis. Buscó el respaldo de Hitler para el establecimiento de un estado árabe en Palestina y colaboró con la Alemania nazi. Al-Husseini apoyó activamente la "Solución Final" de Hitler y difundió propaganda nazi en los países árabes, incluida la transmisión de mensajes antisemitas en Radio Berlín.

Además, al-Husseini tenía conexiones con unidades nazis de las SS y reclutó activamente a musulmanes de Bosnia-Herzegovina y otras áreas para servir en estas unidades. Desempeñó un papel en la formación de la división SS "Handzar" compuesta principalmente por musulmanes bosnios. Sin embargo, es importante señalar que la colaboración de al-Husseini con los nazis no representó las opiniones o acciones de todos los palestinos o musulmanes.

El conflicto y las tensiones se intensificaron en los años previos al establecimiento del Estado de Israel, y el actual conflicto palestino-israelí continúa afectando las relaciones árabe-judías en la región en la actualidad. Es importante abordar la historia de este período con sensibilidad y esforzarse por comprender las complejidades y la diversidad de experiencias y perspectivas tanto entre árabes como entre judíos.

Al-Husseini, que se oponía abiertamente al sionismo y a la inmigración judía a Palestina, alentó activamente los boicots económicos de empresas y productos de propiedad judía a través de diversos medios, incluida la organización de protestas y la emisión de fatwas que pedían un boicot. Vio el boicot económico como una forma de socavar la presencia e influencia judía en la región. Además, al-Husseini también utilizó su papel como líder religioso para incitar a la violencia contra los judíos. Estuvo involucrado en la orquestación de disturbios antijudíos, como los disturbios árabes de 1929 en Palestina, durante los cuales muchos judíos fueron atacados y asesinados.

Como Al-Husseini le explicó más tarde a Hitler, los árabes tenían los mismos enemigos que los nazis: los judíos, los ingleses y los rusos. Según el acta alemana de su reunión, Al-Husseini dijo que los musulmanes bajo su dominio "estaban dispuestos a cooperar con Alemania con todo su corazón y estaban dispuestos a participar en la guerra, no sólo negativamente mediante la comisión de actos de sabotaje y la instigación de revoluciones pero también positivamente por la formación de una Legión Árabe".

Hitler reclutó a Al-Husseini. Hitler continuó diciendo que el muftí parecía "un hombre con más de un ario entre sus antepasados" y lo declaró ario honorario. El Mufti sugirió la creación de una división nazi islámica —una división completa—, esta división se radicalizó a través de una asociación con extremistas islámicos antisemitas.

Las opiniones extremistas de al-Husseini eran y siguen siendo inquietantes. Ocupó el líder político musulmán de mayor rango en Palestina, y es difícil creer que no influyó en la población árabe y, por otro lado, es difícil entender cómo un representante pudo haber hablado sin ningún apoyo de la población. personas que representaba. La verdad es que era virulentamente antisemita, con un historial de organización de acciones agresivas contra el pueblo judío en Medio Oriente. También transmitía periódicamente propaganda en emisoras de radio controladas por los nazis.

Es importante abordar los temas históricos con precisión y reconocer la complejidad de los eventos y actitudes involucradas, entendiendo que individuos como al-Husseini no representan la totalidad de ningún grupo, había diferentes perspectivas dentro de la comunidad árabe y no todos los individuos árabes. o grupos participan o apoyaron estos boicots o actos de violencia. La colaboración entre el Gran Muftí y los nazis no fue representativa de toda la población árabe. Algunos árabes se opusieron a los nazis y sus políticas, en particular aquellos que se identificaban como antifascistas o simpatizaban con las fuerzas aliadas. De hecho, hubo contribuciones árabes a la causa aliada, con soldados árabes luchando junto a tropas británicas y francesas contra las potencias del Eje.

Un factor que contribuyó a la simpatía árabe por los nazis fueron los agravios históricos y actuales contra las potencias coloniales europeas. Los países árabes habían experimentado durante mucho tiempo la colonización y veían a los británicos y franceses como opresores. Los líderes y nacionalistas árabes vieron una oportunidad de alinearse con Alemania, que también se oponía a estas potencias coloniales, en su lucha por la independencia y la autodeterminación.

Además, el ascenso del nacionalismo árabe influyó en las interacciones árabe-nazis. Los nacionalistas árabes intentaron desafiar la influencia occidental y proteger los territorios árabes del control extranjero. Algunos nacionalistas creían que la cooperación con los nazis podría ayudarlos a lograr sus objetivos, incluso si eso significaba dejar de lado las diferencias ideológicas.

Además, es relevante subrayar que las motivaciones de los árabes que se alinearon con la Alemania nazi eran complejas y no se basaban únicamente en una afinidad ideológica. Algunos veían a los nazis como aliados potenciales contra los colonizadores, pero no necesariamente apoyaban ni respaldaban sus creencias antisemitas. Otros pueden haber sido oportunistas o pragmáticos en sus tratos con los nazis, buscando ganar una posición negociadora más fuerte en el panorama geopolítico.

Al-Husseini formó alianzas con varios movimientos nacionalistas y anti coloniales y buscó apoyo para la causa árabe en diferentes fuentes. En la década de 1930, chocó con las autoridades del mandato británico en Palestina, lo que lo llevó al exilio en 1937. Durante su exilio, viajó por todo el mundo árabe, promoviendo los ideales nacionalistas árabes y buscando ayuda contra el control británico.

La colaboración de Al-Husseini con los nazis tuvo un impacto significativo en las percepciones árabes de la comunidad judía, ya que propagó activamente ideologías antisemitas. Su influencia se extendió a los medios árabes. Utilizó varias plataformas de medios, como transmisiones de radio y panfletos, para difundir mensajes antisemitas, anti sionistas y anti británicos en todo el mundo árabe. Esta propaganda sirvió para incitar a la violencia contra los judíos en territorios árabes y profundizar las tensiones existentes.

Un factor que contribuyó a la simpatía árabe por los nazis fueron los agravios históricos y actuales contra las potencias coloniales europeas. Los países árabes habían experimentado durante mucho tiempo la colonización y veían a los británicos y franceses como opresores. Los líderes y nacionalistas árabes vieron una oportunidad de alinearse con Alemania, que también se oponía a estas potencias coloniales, en su lucha por la independencia y la autodeterminación. Además, el ascenso del nacionalismo árabe influyó en las interacciones árabe-nazis. Los nacionalistas árabes intentaron desafiar la influencia occidental y proteger los territorios árabes del control extranjero. Algunos nacionalistas creían que la cooperación con los nazis podría ayudarlos a lograr sus objetivos, incluso si eso significaba dejar de lado las diferencias ideológicas.

En 1941, Al-Husseini se reunió con Adolf Hitler en Berlín y, posteriormente, estableció estrechos vínculos con la Alemania nazi. Durante su estancia en Alemania, participó en la propagación del sentimiento antijudío y desempeñó un papel en el reclutamiento de musulmanes de varias partes de Europa para unirse a las Waffen-SS. También buscó movilizar el apoyo a la causa nazi entre las comunidades árabes.

Es imposible analizar la conducta de los árabes respecto a los judíos, y especialmente la actitud palestina hacia el Estado judío, sin poner sobre la mesa que Yasir Arafat comenzó su carrera trabajando para el Muftí después de la guerray seguiría elogiándolo hasta 2002. La conexión de Arafat con el Mufti es muy problemática porque, hasta hoy, esta cuestión genera dudas y preguntas sobre el compromiso real del Sr. Arafat y la Autoridad Palestina con el proceso de paz.

Está obviamente claro que esas cuestiones crearían grandes preocupaciones en la comunidad judía del mundo sobre la sinceridad del compromiso con la paz respecto de Arafat y otros líderes árabes. Y es imposible no vincular esta cuestión con la triste cuestión de que los palestinos iniciaron un boicot a los judíos décadas antes que los nazis, y ciertamente que los árabes presionaron al gobierno inglés para que cerrara los puertos a los barcos llenos de judíos que escapaban de la muerte. campamentos. De hecho, hay muchas cuestiones diferentes que sustentan la fuerza y la convicción de esta delicada alianza.

Los árabes y el Estado de Israel

Los árabes expulsaron a su población judía tras la creación del Estado de Israel. La expulsión de las comunidades judías de los países árabes es un drama complejo y una cuestión sin resolver. El establecimiento del Estado de Israel en 1948 marcó un importante punto de inflexión en la región. Los conflictos árabe-israelíes que siguieron resultaron en tensiones políticas, enfrentamientos militares y un profundo impacto en las comunidades judías de los países árabes.

Varios factores contribuyeron a la expulsión de judíos de los países árabes. Estos incluyeron desarrollos geopolíticos, el nacionalismo árabe, el surgimiento del panarabismo, el resentimiento hacia el sionismo percibido y un panorama político cambiante después de la Segunda Guerra Mundial. Los acontecimientos que condujeron a la expulsión de las comunidades judías estuvieron marcados a menudo por violencia, políticas discriminatorias y un ambiente hostil. En los países árabes, las comunidades judías se enfrentabanaumento de la discriminación, la violencia y la marginación. Los judíos a menudo se convirtieron en chivos expiatorios de los conflictos árabe-israelíes y fueron objeto de leyes discriminatorias, confiscaciones de propiedades y ataques físicos.

Las expulsiones no fueron uniformes en todos los países y las circunstancias variaron entre las naciones. En algunos casos, las migraciones forzadas y las expulsiones fueron organizadas por el Estado, mientras que en otros, los individuos o las comunidades enfrentaron presiones de sus vecindarios o enfrentaron violencia a manos de grupos extremistas. La expulsión de las comunidades judías de los países árabes provocó el desplazamiento forzado de cientos de miles de personas y familias judías. Si bien es difícil determinar las cifras exactas, las estimaciones sugieren que entre 600.000 y 850.000 judíos fueron expulsados o huyeron de los países árabes. La expulsión de las comunidades judías de los países árabes fue un acontecimiento significativo del siglo XX, que provocó un profundo cambio demográfico en la región. La pérdida de estas comunidades judías, con sus ricas historias y contribuciones culturales, ha tenido un impacto duradero tanto en los países que abandonaron como en las comunidades a las que se unieron.

Es importante señalar que no todos los países árabes expulsaron a sus poblaciones judías durante este período. Algunos países vieron una disminución significativa de sus poblaciones judías pero no presenciaron expulsiones masivas. Además, hubo casos de comunidades judías que vivieron armoniosamente junto a sus vecinos musulmanes y árabes en ciertos países árabes, incluso durante este período tumultuoso.

Los procesos de expulsión variaron en alcance y escala entre países. En algunos casos, las comunidades judías fueron gradualmente marginadas, mientras que en otros su expulsión fue más dramática e inmediata. El número exacto de personas afectadas por las expulsiones sigue siendo un tema de debate, pero se estima que varios cientos de miles de judíos fueron desplazados de los países árabes durante este período.Es importante señalar que la expulsión de las comunidades judías de los países árabes no fue respaldada universalmente por todos los individuos o gobiernos árabes. Hay muchos que afirman que algunos países árabes mantuvieron un entorno menos agresivo para sus poblaciones judías, y que algunos judíos pueden vivir en esos países hasta el día de hoy. La verdad es que esos países fueron de hecho menos brutales y violentos que el resto de los países árabes y musulmanes. Pero la expulsión de las comunidades judías sigue siendo un tema delicado y controvertido, y las discusiones al respecto deben abordarse con respeto y sensibilidad. Reconocer las experiencias y el trauma de los afectados es crucial para fomentar la comprensión y promover el diálogo, así como para preservar el patrimonio cultural de las comunidades judías desplazadas. Al entablar conversaciones abiertas y respetuosas, esposible trabajar hacia la reconciliación y la justicia para todas las partes involucradas.

Considerando algunos casos específicos, se puede mencionar: i)Argelia, porque tras independizarse de Francia en 1962, la comunidad judía, que tenía una larga historia en el país, enfrentó persecución y violencia. Muchos judíos abandonaron Argelia debido al deterioro de la situación y al aumento del sentimiento antijudío. Hoy en día, sólo queda un pequeño número de judíos en el país; ii) En Egipto, que tenía una de las poblaciones judías más grandes del mundo árabe, el éxodo del país se produjo entre los años 1940 y 1960. Había aproximadamente 80.000 judíos en Egipto antes de la década de 1940, pero las tensiones aumentaron y el sentimiento antijudío creció en medio de los conflictos árabe-israelíes, especialmentetras la guerra árabe-israelí de 1948. Los judíos enfrentaron restricciones de sus derechos, confiscaciones de propiedades y violencia.La crisis de Suez en 1956 intensificó aún más la hostilidad que condujo a la msalida del culo. Hoy en día, sólo quedan unas pocas docenas de judíos en el país; iii) De manera similar, Irak, que alguna vez fue hogar de una próspera comunidad judía, fue testigo de una de las mayores expulsiones. Los judíos fueron sometidos a medidas opresivas tras el establecimiento del Estado de Israel. La Ley de Desnaturalización de 1950 despojó a los judíos iraquíes de su ciudadanía, dejándolos apátridas.Irak aprobó una ley que permitía a los judíos salir del país, pero sus propiedades y activos fueron confiscados. Muchos judíos huyeron de Irak, dejando atrás sus hogares y posesiones. Los incidentes violentos intensificaron aún más la expulsión de la comunidad judía. Alrededor de 120.000 judíos se vieron obligados a abandonar Irak, dejando atrás antiguas comunidades que habían estado presentes durante más de 2.500 años; iv) En Libia, que alguna vez fue hogar de una vibrante comunidad judía, alrededor de 38.000 judíos fueron expulsados tras los disturbios antijudíos a finales de la década de 1940.En noviembre de 1945 se produjo el "pogromo de Trípoli", que provocó la muerte de más de 140 judíos.Hoy en día ya no quedan judíos en el país; v) También fDespués de la creación de Israel, los judíos marroquíes enfrentaron tensiones y sentimientos antijudíos cada vez mayores. Si bien el gobierno marroquí inicialmente impuso restricciones a la emigración judía, muchos judíos finalmente se marcharon debido a una combinación de inestabilidad política y discriminación. A pesar de La realidad hoy es diferente: judíos e israelíes reciben un trato justo e igualitario por parte del Rey. Israel y Marruecos tienen embajadas en Marrakech y Tel Aviv respectivamente. vi) Por otro lado, ta comunidad judía en Siria enfrentó una escalada de hostilidades y políticas discriminatorias después de la creación de Israel. A principios de la década de 1950, estallaron disturbios antijudíos que provocaron saqueos, destrucción de sinagogas y la expulsión de personas y familias judías. ElLa población judía disminuyó de aproximadamente 30.000 en la década de 1940 a sólo unas pocas docenas en la actualidad; viii)Los judíos que viven en Túnez, principalmente en la isla de Djerba, han estado sufriendo persecuciones y ataques terroristas. Y peor aún, las autoridades están lejos de tener un discurso amistoso respecto a sus ciudadanos judíos; viii)Yemen, con una presencia judía que se remonta a más de 2.000 años, fue testigo de una disminución significativa de su población judía. A mediados del siglo XX había entre 50.000 y 60.000 judíos en Yemen.[MR1][1] . Sin embargo, la inestabilidad política, la violencia y las medidas discriminatorias provocaron la salida de la gran mayoría de los judíos yemeníes. En 1947 y 1948, estallaron disturbios contra la comunidad judía, que provocaron la muerte de muchos judíos y el desplazamiento general de la comunidad.Hoy en día, sólo un pequeño número permanece en el país.

Rajesh Krishnamachari, un académico que ha analizado y estudiado el antisemitismo en Irán, Turquía, Palestina, Pakistán, Malasia, Bangladesh y Arabia Saudita sugirió que "el reciente aumento del antisemitismo en todo el mundo musulmán debería atribuirse a la conveniencia política de la élite local". en estos 7 países más que a cualquier imperativo teológico.[22]"

1. https://d.docs.live.net/995b4fd9c39c1026/Escritorio/2024_The%20truth%20Anti-Semitism%20and%20BDS.docx#_msocom_1

La causa palestina

El conflicto palestino-israelí, a pesar de sus complejidades, puede abordarse contrastando los puntos de vista de ambas partes: un conflicto territorial para los judíos y un conflicto religioso para los palestinos. Probablemente esta gran diferencia sea parte de las muchas razones que dificultan la comprensión y una solución cercana (Ben Tasgal).

Para la gran mayoría de judíos que habitan el Estado de Israel, el conflicto es territorial. Y según las creencias judías, la tierra es menos importante que la vida, por lo que renunciar a territorios considerados "nacionales" para lograr la paz es una medida justificada. Ciertamente hay judíos israelíes que consideran que la tierra es sagrada y no debe ser abandonada bajo ninguna circunstancia, pero representan una minoría en Israel.

Para la mayoría del pueblo palestino, fuertemente influenciado por los valores y la retórica musulmana, el conflicto es religioso. En el Islam tradicional, los judíos son una religión falsa (Din Batel), no son un pueblo, sino sólo una religión (falsa), los judíos ocupan propiedades heredadas del Islam (Waqf Al-Islamiyah) y conservan parte de la tierra santa islámica que puede nunca será cedido (Dar El-Islam). De hecho, hay quienes entre los palestinos creen que el conflicto es territorial, pero no destacan entre quienes toman decisiones o entre quienes imponen la retórica local.

Actualmente (2019) el 100% de los ciudadanos palestinos en Gaza viven bajo un gobierno palestino (Hamas) mientras que el 91% de los palestinos en Cisjordania viven bajo el gobierno del Territorio Palestino (Ben Tasgal)

pág.36. 33

Asentamientos aislados, 46.000 personas menos de 10.000. (

Hay una j increíbleObjeción hecha por los palestinos y sus partidarios para conseguir la atención del mundo y, en muchos casos, una solidaridad comprensiva con su causa. Es difícil comprender la ceguera de muchos líderes e intelectuales respecto del conflicto palestino-israelí. Barry Shaw Explicó muy bien la situación actual en Oriente Medio y el conflicto entre palestinos e Israel. La cuestión de que los terroristas sean glorificados y recompensados financieramente por el gobierno palestino, así como la desigualdad que enfrentan los ciudadanos árabe-israelíes, es verdaderamente espantosa. Las acusaciones de apartheid son completamente injustificables y ridículas, considerando la presencia de árabes en puestos importantes en Israel como la Corte Suprema, hospitales y diversas profesiones. También hay miembros árabes en el Parlamento israelí, la Knesset, algunos de los cuales tienen opiniones negativas hacia el país. Es crucial enfatizar que estas acusaciones son completamente infundadas. Cuando se trata de seguridad, uno debe preguntarse si algún otro país del mundo respondería de manera diferente si estuviera bajo la amenaza constante de ataques terroristas. Creo que la respuesta es no.

La situación de los derechos humanos en las zonas bajo control de la Autoridad Palestina (AP) es una cuestión compleja y delicada que ha sido objeto de escrutinio y crítica constantes. Si bien la Autoridad Palestina ha tomado medidas para establecer instituciones y marcos legales destinados a proteger los derechos humanos, han surgido preocupaciones sobre hasta qué punto estas medidas se implementan efectivamente sobre el terreno. Los críticos argumentan que existen limitaciones a los derechos y libertades fundamentales, incluida la libertad de expresión, la libertad de reunión y la libertad de prensa. Han surgido informes que destacan incidentes de arrestos y detenciones arbitrarias, limitaciones a la participación política y acusaciones de tortura y malos tratos en las cárceles palestinas. Defensores de derechos humanos, activistas y periodistas han enfrentado acoso, intimidación y consecuencias legales por sus críticas a la Autoridad Palestina o por informar sobre temas delicados. Además, algunas leyes y prácticas dentro de las áreas bajo control de la Autoridad Palestina han sido criticadas por su impacto en la libertad de expresión y los medios de comunicación. Los críticos argumentan que las restricciones y medidas punitivas contra personas que expresan opiniones disidentes o participan en protestas pacíficas restringen su derecho a expresar sus opiniones libremente. El trato y los derechos de las mujeres dentro de las zonas controladas por la Autoridad Palestina también suscitan preocupación. A pesar de las protecciones legales, hay discriminación, violencia de género y un acceso extremadamente limitado a las oportunidades económicas y sociales para las mujeres. Los esfuerzos para mejorar la situación de los derechos humanos dentro de las áreas bajo control de la AP deberían centrarse en abordar estas preocupaciones. Las medidas concretas pueden incluir defender la libertad de expresión y reunión, garantizar los derechos de los activistas y opositores políticos, promover la igualdad de género y fortalecer el estado de derecho. El compromiso constructivo, el diálogo y el apoyo internacional pueden desempeñar un papel importante a la hora de fomentar el progreso y defender los derechos humanos de todas las personas de la región.

Conflicto Territorial

En cuanto a la perspectiva israelí, gRemontándonos a la historia, la evidencia arqueológica establece la presencia de habitantes judíos desde hace más de tres mil años. La denominación de Palestina, de hecho, fue dada por los romanos a la tierra que en aquella época se llamaba Judea, como castigo a las revoluciones judías contra el imperio. Según esto, se extraía cualquier relación del pueblo judío con la tierra poniendo un nombre de opuesto.colectivo que lucharon contra los judíos, los Filisters. Entre el 63 a. C. y el 313 d. C., el Imperio Romano gobernó esa tierra que en ese momento era Judea y luego Palestina. En el alfabeto árabe la letra P no existe, por lo que el imaginario actual en torno a lo que es una Palestina, difiere mucho de los orígenes de una Palestina que era judía. La identidad árabe de Palestina se desarrolló a principios del siglo XX. La tierra cuestionada fue ocupada por asirios, babilónicos, persas, griegos, romanos, bizantinos, islámicos, cruzados, mamelucos, otomanos y británicos. Pero la población original era judía.

Con el tiempo, la relación entre palestinos y judíos no mejoró. La respuesta negativa de algunos palestinos al plan de partición de 1947 se debe a diversos factores y preocupaciones que han dado forma al conflicto palestino-israelí. Es importante profundizar en estas consideraciones para comprender la perspectiva detrás del rechazo. Un factor clave es la cuestión de la tierra y el territorio. El plan de partición proponía dividir la tierra en estados judíos y árabes separados. Desde el punto de vista palestino, esta división significó una pérdida significativa de tierra y una percepción de injusticia. El plan asignó alrededor de 56[MR2][1] % de la tierra al estado judío propuesto, a pesar de que la población judía representaba un porcentaje mucho menor de la población total en ese momento. Esta distribución percibida como inequitativa contribuyó al rechazo de algunos palestinos, así como al reconocimiento de Israel como Estado judío, que se incluyó en el plan de partición de 1947 y no ayudó a la aprobación de la contraparte. En este escenario, el nuevo Estado no tuvo que lidiar con los viejos pogromos sino con su reemplazo: acciones terroristas como explosiones de autobuses, restaurantes o discotecas. Las familias de los palestinos involucrados en ataques contra israelíes han recibido asistencia financiera de la Autoridad Palestina. Los críticos, sin embargo, argumentan que estos pagos pueden servir como incentivo para la violencia, ya que las personas pueden verse motivadas a participar en ataques para recibir ayuda financiera para sus familias. Sostienen que ese apoyo a los terroristas o sus familias va en contra de los esfuerzos por la paz y el cese de la violencia.

Desgraciadamente, los refugiados proceden de Siria, donde el Presidente Assad los persiguió y mató a toda su propia gente con armas químicas. Refugiados de la guerra de Ucrania y Rusia, y miles de refugiados en todo el mundo africano, y también millones de la Segunda

1. https://d.docs.live.net/995b4fd9c39c1026/Escritorio/2024_The%20truth%20Anti-Semitism%20and%20BDS.docx#_msocom_2

Guerra Mundial, especialmente judíos. Pero los refugiados palestinos tienen un estatus diferente, se cuentan como refugiados, incluso si son la tercera generación, que no están en Palestina. Incluso si abandonaron el país siguiendo las instrucciones de sus líderes en lugar de la expulsión aplicada por los judíos. Diferentes intelectuales (Karsh, Morris) así como líderes árabes (el ex primer ministro sirio Khaled Al-Azam, el rey Abdalla de Jordania) afirman que en 1948, cuando había un conflicto entre palestinos y judíos por la tierra, los árabes Las autoridades insistieron en la salida de su población. Y su población siguió a sus líderes, aumentando el miedo a la guerra (Ben-Tasgal).

Es crucial reconocer la difícil situación de los refugiados y el inmenso sufrimiento que soportan. El conflicto sirio, bajo el régimen del Presidente Assad, ha provocado el desplazamiento y la persecución de innumerables sirios inocentes. El uso de armas químicas contra su propio pueblo es un acto atroz que merece la condena mundial. De manera similar, la guerra entre Ucrania y Rusia ha provocado que un número significativo de refugiados huyan de sus hogares en busca de seguridad. Además, África ha experimentado una afluencia continua de refugiados debido a diversos conflictos y crisis en todo el continente. La mención de los refugiados de la Segunda Guerra Mundial, en particular de la comunidad judía, sirve como un crudo recordatorio de los horrores que enfrentaron durante ese oscuro período de la historia. Los millones de vidas que fueron trastornadas y pérdidas resaltan la urgente necesidad de compasión y apoyo para aquellos desplazados por la fuerza.

Sin embargo, surge una situación diferente cuando se habla de refugiados palestinos. Estos individuos, a pesar de ser descendientes de aquellos desplazados de su tierra natal, todavía están clasificados como refugiados. Este estatus persiste incluso si están a varias generaciones de distancia del desplazamiento inicial. Esta clasificación única presenta una cuestión compleja y polémica.

Para abordar esta compleja cuestión, se requiere una reevaluación integral de los criterios para el estatus de refugiado. Es esencial considerar tanto los principios humanitarios como las realidades cambiantes sobre el terreno. Participar en un diálogo abierto y buscar puntos de vista de diversas partes interesadas y expertos puede ayudar a lograr un enfoque más equitativo e inclusivo. Pero en cualquier caso, ¿no es posible tener refugiados de primera clase como los palestinos y refugiados de segunda clase como todos los otros. Y si el criterio es incluir a los niños y apropiarse de ellos, los judíos que fueron expulsados de los países árabes y musulmanes deberían recibir el mismo trato, de lo contrario será un acto antisemita por parte de la IHRA.

"La cuestión del estatus de refugiado en el conflicto palestino-israelí es significativamente importante y está sujeta a un debate continuo entre los académicos. La inclusión del refugiado judío es una acción de justicia que debe realizarse" (cita de quien). De hecho, la reclamación relativa a los descendientes de los refugiados palestinos no debería heredar el estatus de refugiados, ya que perpetúa las difíciles condiciones que enfrenta el pueblo palestino y obstaculiza el progreso hacia una resolución, principalmente porque debería poner en la mesa de negociaciones la cuestión del refugiado judío que fueron expulsados violentamente en 1947, 1948, 1967, etc.

Problema religioso

Los palestinos centran el problema sobre una base religiosa. Esta situación es uno de los obstáculos a superar cuando se discute el problema de tener una paz a largo plazo en Medio Oriente. El islam tradicional, considera al judaísmo como una religión falsa, por lo que los judíos están ocupando la tierra que es propiedad heredada de los musulmanes, y la mayoría de los palestinos que viven allí son musulmanes que siguen las leyes del Corán y la Sharia. Según esto, no pueden regalar su tierra sagrada. Por otro lado, en cuanto a las creencias judías, parte del territorio es digno de negociar la paz entre palestinos e israelíes. Por supuesto, hay palestinos que no piensan de esta manera radical, así como judíos que no cederán su tierra sagrada, pero esos son minorías entre su pueblo.

Pero ¿cuándo empezó el conflicto con los palestinos? Diferentes fuentes lo sitúan en 1830, otras entre 1936 hasta 1939, el establecimiento del Estado de Israel en 1948 o la Guerra de los Seis Días en 1967. Otras fuentes encontraron que las raíces del conflicto entre palestinos y judíos comenzaron con los británicos.Gobierno en 1920, los pogromos y las demandas aumentaron, pero más precisamente, en 1929, con la masacre de Hebrón. Fue un punto de inflexión en el conflicto, cuando los árabes atacaron y mataron a judíos inocentes en la ciudad de Hebrón, lo que provocó 67 muertos y muchos heridos, rompiendo cualquier frágil tolerancia o confianza que alguna vez hubiera existido entre árabes y judíos.

IV. MOVIMIENTO DE BOICOT, DESINVERSIÓN Y SANCIONES (BDS)

Panorama general del movimiento BDS

Otra forma de antisemitismo se expresa a través de boicots contra personas y empresas judías. Históricamente, los judíos han enfrentado discriminación y restricciones impuestas por varias sociedades y naciones, lo que destaca la lucha en curso y la necesidad de educación, concientización y medidas para combatir unntsemitismo. Como describe la Enciclopedia Judía, estos son esfuerzos organizados que resultan en actividades para excluir a los judíos de la vida social, económica y política.

Rothschild (2009) explica los boicots contra los judíos a finales del siglo XIX, como el Primer Congreso Internacional Antijudío en Dresde, que extendió los boicots por toda Europa occidental y oriental, a comerciantes judíos y a profesionales de gremios y asociaciones comerciales. La campaña de boicot antijudío también tuvo éxito en el Imperio austrohúngaro, donde se utilizaron lemas como "No le compres a Ester". Estos boicots fueron a menudo acompañados de restricciones legales y administrativas ya vigentes, lo que marginó aún más a las comunidades judías.

El Movimiento de Boicot, Desinversión y Sanciones (BDS), es un movimiento pro-Palestina que comenzó en 2005. Promueven la idea de una necesaria campaña global para aumentar las medidas punitivas económicas y políticas sobre Israel hasta que:

1. Poner fin a la ocupación y colonización de todas las tierras árabes y desmantelar el Muro;

2. Reconoce los derechos fundamentales de los ciudadanos árabe-palestinos de Israel a la plena igualdad; y

3. Respeta, protege y promueve los derechos de los refugiados palestinos a regresar a sus hogares y propiedades según lo estipulado en la resolución 194 de la ONU.

Las raíces del movimiento BDS se remontan a la Resolución 3379 de la ONU de 1975, que declaró que "el sionismo es una forma de racismo y discriminación racial". Si bien esta resolución fue revocada en

1991, las ONG anti israelíes formaron el movimiento BDS, inspirándose en las campañas contra el apartheid quenegros racialmente segregados de la minoría blanca dominante en Sudáfrica, a finales del siglo XX. El movimiento BDS intenta establecer las similitudes entre la exclusión racial y algunas leyes israelíes que consideran discriminatorias contra los ciudadanos palestinos en términos de participación política, acceso a la tierra y educación. El BDS también reproduce las tácticas de boicot empleadas durante el movimiento contra el apartheid.

Como afirma el movimiento en su sitio web, el BDS cuenta con más de 170 ONG palestinas que apoyan la causa contra Israel.

BDS y el reclamo de antisemitismo

Deslegitimar al Estado de Israel

- Deslegitimización: cuestionar el derecho de Israel a existir como Estado judío

Oren sostuvo que el objetivo del movimiento BDS no era simplemente la promoción de los derechos palestinos o el logro de una solución de dos Estados, sino más bien la completa deslegitimación y desmantelamiento del propio Estado de Israel. En opinión de Oren, este provocador objetivo planteaba una seria amenaza no sólo a la existencia de Israel como Estado-nación sino también a las comunidades judías tanto dentro de Israel como en todo el mundo. Oren argumentó que tales esfuerzos destinados a borrar la identidad judía de Israel eran contrarios a los principios de igualdad, coexistencia y resolución pacífica.

Parece que la defensa de los derechos humanos y civiles palestinos está involucrada en una constante campaña de deslegitimación contra Israel, utilizando símbolos y retórica antisemitas. El movimiento BDS parece ser una campaña global cuyo objetivo es sabotear la legitimidad del Estado de Israel con ataques implacables dentro de la sociedad cívica occidental. No intenta ofrecer críticas legítimas para promover el cambio político o promover el logro de la paz, sino que su objetivo final es lograr la disolución del Estado de Israel.

Perpetuar la discriminación histórica de los judíos

Los boicots contra los judíos no son nuevos y continúan ocurriendo de diversas formas en la actualidad. El movimiento BDS aboga por el boicot de empresas, productos e instituciones culturales israelíes como una forma de protesta contra las políticas israelíes hacia los palestinos. Este movimiento ha sido criticado por sus vínculos con el antisemitismo y su promoción de estereotipos negativos contra los judíos (Bauer, 1993).

Existen algunas similitudes entre el movimiento BDS y el boicot nazi, aunque existen diferencias en sus contextos. Sin embargo, es imposible evitar establecer una línea histórica en la que las raíces del boicot nazi en Alemania a tiendas, restaurantes o médicos judíos sirvieron como modelo para construir el boicot judío moderno, en este caso al judío del mundo, el estado de Israel. El boicot nazi al pueblo judío fue impulsado por una ideología antisemita profundamente arraigada que tenía como objetivo marginar, aislar y, en última instancia, eliminar al pueblo judío de todos los aspectos de la sociedad. Fue parte de un programa más amplio de persecución y discriminación que finalmente condujo al Holocausto y al genocidio de seis millones de judíos. Si bien ambos movimientos implican algún tipo de presión económica contra los judíos, el contexto podría ser diferente.

El informe aborda específicamente el movimiento BDS, destacando que sus actividades y efectos son fundamentalmente antisemitas. Si bien expresar apoyo a la campaña BDS se considera una forma de libre expresión, es esencial garantizar que las expresiones no se basen en tropos y estereotipos antisemitas ni rechacen el derecho de Israel a existir. La discriminación contra los judíos basada en su afiliación religiosa también es algo que debe condenarse inequívocamente. El objetivo del informe es crear conciencia sobre la naturaleza destructiva del antisemitismo y el BDS y fomentar una acción integral para abordar estos fenómenos dañinos.

Cravatts profundizó en el contexto histórico para explicar su crítica al movimiento BDS. Cravatts postuló que las raíces del movimiento BDS, en esencia, son fundamentalmente antisemitas. Sostuvo que al atacar y aislar exclusivamente al Estado judío de Israel para su condena, el movimiento BDS perpetuó un odio ancestral contra los judíos, generando ecos de prácticas discriminatorias pasadas. Cravatts expresó su profunda preocupación por las posibles consecuencias de tal selección, ya que aumentaba el riesgo de discriminación, hostilidad y violencia contra las comunidades y los individuos judíos.

Datos recientes publicados por el gobierno israelí basados en el informe sobre los resultados de varios esfuerzos diferentes realizados por el Ministerio de Asuntos de la Diáspora destinados a contrarrestar el discurso de odio antisemita en línea muestran un aumento dramático en los episodios antisemitas. Como explica el ministerio israelí, "La fuente principal de los datos proporcionados, incluidos los datos estadísticos y la identificación de tendencias, proviene del Sistema de Monitoreo Cibernético del Antisemitismo (ACMS), un sistema de monitoreo totalmente automatizado basado en inteligencia artificial y tecnologías de análisis semántico. Este informe moderno fue elaborado utilizando métodos de análisis y recopilación de datos de redes sociales en tiempo real, ACMS cuantifica, clasifica y geolocaliza el discurso antisemita. Se monitorean las siguientes plataformas de redes sociales: Twitter, 4Chan, BitChute, Gab, Minds, Stormfront, y 8Kun. Así como seis idiomas: inglés, francés, alemán, árabe, español y ruso (Período analizado: mayo de 2021).

Doble rasero en materia de derechos humanos

En un mundo lleno de debates polémicos y conflictos continuos, el surgimiento del movimiento BDS aportó una nueva dimensión al discurso palestino-israelí. El movimiento BDS atacó injustamente a Israel mientras aparentemente descuidaba las cuestiones de derechos humanos que afectan a otros países. Dershowitz () argumentó que ese enfoque selectivo ponía de relieve un doble rasero y sugirió que un enfoque más equitativo y justo implicaría abordar las violaciones de los derechos humanos de manera universal. Dershowitz enfatizó que entablar un diálogo constructivo y fomentar un compromiso significativo con todas las partes involucradas sería un medio más eficaz de promover la paz y promover los derechos humanos en el contexto más amplio del conflicto palestino-israelí.

Esta posición implica en primer lugar un doble rasero, porque el BDSestá aplicando estándares diferentes a Israel en comparación con otras naciones cuando. Esta preocupación por los derechos humanos debería exigir el mismo criterio para cualquier país, pero cuando se considera a Israel,otros países con problemas de derechos humanos parecen ser ignorados. Señalar a Israel, centrarse únicamente en él e ignorar a otros países parece contradictorio si alguien está realmente comprometido con la promoción de los derechos humanos.

Es cuanto menos curioso que la atención se centre en Israel, un país conocido por sus sólidas instituciones democráticas, su adhesión al Estado de derecho y la protección de las libertades civiles. El sistema democrático del país permite elecciones abiertas y competitivas, con múltiples partidos políticos que representan diversas ideologías políticas. Los ciudadanos participan en el proceso democrático votando por representantes en las elecciones parlamentarias, dando forma a la composición de la Knesset y posteriormente del gobierno.

El poder judicial de Israel desempeña un papel fundamental en la defensa de los principios democráticos. El Tribunal Supremo de Israel se ha establecido como un órgano judicial independiente que salvaguarda el Estado de derecho y protege los derechos humanos. El tribunal ha realizado importantes contribuciones en diversas áreas, incluida la salvaguardia de la libertad de expresión, la igualdad y la no discriminación, y los derechos de los grupos minoritarios.

En Israel se respeta la libertad de expresión, lo que permite un panorama mediático vibrante y pluralista donde se expresa una amplia gama de opiniones y perspectivas. Existe una amplia gama de medios de comunicación nacionales e internacionales que operan en el país.

También existen debates sobre los derechos civiles y el pluralismo religioso dentro de la sociedad israelí. Cuestiones como el papel de la religión en la esfera pública, incluida la relación entre Estado y religión y los derechos de los movimientos judíos no ortodoxos y otras comunidades religiosas, son temas de debates y tensiones constantes.

La naturaleza democrática de Israel también se refleja en su compromiso de proteger los derechos de las comunidades minoritarias. Los ciudadanos árabe-israelíes, que representan alrededor del 20% de la población, tienen derecho a votar, ocupar cargos públicos y practicar libremente su religión. Sin embargo, existen debates y preocupaciones en curso sobre la inclusión social, económica y política de los árabes israelíes y otros grupos minoritarios, incluido el reconocimiento de sus derechos culturales.

Abordar el equilibrio entre la libertad de expresión y la lucha contra el antisemitismo ha aportado ideas valiosas. Herzberg () enfatiza la importancia de adoptar la definición de antisemitismo de la IHRA y poner fin al sesgo antiisraelí dentro de los organismos de la ONU. Destaca que esta adopción es esencial para promover los derechos humanos y crear un enfoque más equilibrado hacia Israel. Weitzman destaca la importancia de delinear los límites entre la libertad de expresión y el discurso de odio, asegurando que la libre expresión no proporcione un escudo para la intolerancia. El informe ha recibido profundas respuestas de figuras públicas e intelectuales a escala global, quienes reconocen la urgente necesidad de un frente unido contra el antisemitismo y el movimiento BDS. Estas personas, incluidos poetas célebres, académicos de renombre y activistas estimados, comprenden la interconexión entre la lucha contra el antisemitismo y la promoción de preocupaciones más amplias en materia de derechos humanos.

Los gobiernos de todo el mundo también han respondido al informe, reevaluando sus estrategias para combatir el antisemitismo y el BDS. Los líderes reconocen la importancia de la acción colectiva y la cooperación internacional para abordar estos problemas globales duraderos. Los gobiernos que están a la vanguardia de la lucha contra el odio han alineado sus políticas con la definición de antisemitismo de la IHRA y se han comprometido a priorizar iniciativas educativas integrales destinadas a fomentar la conciencia y la comprensión entre sus poblaciones. La respuesta multifacética al antisemitismo y al BDS desencadenada por la publicación del informe de la ONU significa un punto de inflexión crítico en la batalla contra estas ideologías destructivas. Demuestra un compromiso colectivo para combatir el odio, los prejuicios y la discriminación mientras se lucha por la justicia, la igualdad y la dignidad humana. A través de la cooperación internacional, las sociedades de todo el mundo pueden desmantelar narrativas dañinas y fomentar un futuro que sea más inclusivo y tolerante para todos. Es importante abordar este tema con cuidado, ya que las acusaciones de antisemitismo deben tomarse en serio pero también deben estar sujetas a verificación y análisis crítico. Y al mismo tiempo su motivo de preocupación y alarma son los enormes actos antieméticos que no han sido abordados como acciones de odio judío. Ciertamente, también es esencial entablar un diálogo abierto y respetuoso que promueva la comprensión y analice cuestiones complejas que rodean a Israel y el conflicto palestino-israelí.

IMPACTO DEL BDS

Antisemitismo se refiere al prejuicio, discriminación u hostilidad dirigida hacia individuos o comunidades judías en función de su religión, etnia o herencia. Es importante resaltar que no todos los partidarios del movimiento BDS tienen opiniones antisemitas y muchos se involucran con el movimiento por una preocupación genuina por los derechos de los palestinos. Sin embargo, también es importante reconocer que el propio movimiento BDS tiene una posición antisemita y con frecuencia es cooptado por individuos o grupos con agendas antisemitas, lo que lleva a casos en los que cruza la línea hacia el antisemitismo.

Trazando paralelos históricos, Dore Gold, ex embajador de Israel ante las Naciones Unidas, comparó las tácticas empleadas por el movimiento BDS con los boicots antisemitas a empresas judías en el pasado. Gold sostuvo que si bien el movimiento BDS puede tener como objetivo ejercer presión económica sobre el Estado israelí, estas tácticas no sólo tuvieron efectos perjudiciales en la economía de Israel sino que también establecieron un ambiente hostil para las comunidades judías en todo el mundo. Destacó el refuerzo de estereotipos dañinos y la invitación a actos de odio, lo que contribuye aún más a una atmósfera de discriminación, hostilidad y peligro para los judíos en todas partes.

El movimiento BDS ha tenido repercusiones negativas, incluida una mayor aceptación de creencias antisemitas en el discurso público y el discurso de odio en línea.[23] El movimiento demoniza a Israel y crea un clima de hostilidad y discriminación contra los judíos.[23] El BDS también apunta a Israel. mundo cultural y artístico, intentando intimidar y silenciar a los artistas que interactúan con Israel o lo apoyan.[23]

Es importante señalar que la crítica efectiva a las políticas israelíes o al gobierno no es inherentemente antisemita. El debate y el diálogo sólidos son aspectos críticos de la libre expresión y el discurso democrático, y es esencial distinguir entre críticas legítimas y retórica que perpetúa estereotipos o promueve la hostilidad hacia los judíos. Sin embargo, cuando el movimiento BDS participa en prácticas como boicots, desinversiones o etiquetado de productos basándose únicamente en su origen israelí, sin tener en cuenta su conexión con políticas o acciones específicas, puede contribuir a un entorno hostil para las personas y comunidades judías. más ampliamente. El enfoque desproporcionado en Israel, así como el uso de boicots, desinversiones y sanciones, pueden crear una atmósfera que señala y estigmatiza al pueblo judío, lo que se alinea con la definición de antisemitismo.

Small () amplió la discusión, arrojando luz sobre el amplio impacto del movimiento BDS. Small argumentó que la demonización y deslegitimación de Israel por parte del movimiento BDS estaban profundamente entrelazadas con la normalización e intensificación del antisemitismo a escala global. Advirtió que este clima tóxico perpetúa el hecho de convertir a los judíos en chivos expiatorios y atacarlos, planteando graves riesgos para las comunidades judías y violando sus derechos fundamentales a vivir libres de discriminación, hostilidad y violencia.

El movimiento BDS tiene un efecto negativo en la libertad

académica, el crecimiento intelectual, los esfuerzos de consolidación de la paz y la seguridad de las comunidades judías en todo el mundo. El antisemitismo dentro de la retórica y las tácticas del BDS contribuye a una atmósfera de hostilidad, discriminación y marginación. Además, pidieron una comprensión más matizada de las complejidades del conflicto palestino-israelí, argumentando que el diálogo constructivo, el compromiso activo y el entendimiento mutuo serían pasos cruciales para lograr una resolución justa y duradera.

El movimiento de Boicot, Desinversión y Sanciones ha ganado mucha atención en los últimos años como herramienta utilizada para promover el sentimiento antiisraelí. Trágicamente, las comunidades árabes que viven en Palestina estaban participando en boicots antijudíos incluso antes del ascenso de la Alemania nazi. Este contexto histórico muestra la complejidad del conflicto palestino-israelí y el impacto global que ha tenido en varias comunidades. Sorprendentemente, los descendientes de familias palestinas que huyeron del Imperio Otomano a países como Chile se han convertido en algunos de los más fervientes defensores del movimiento BDS. Esto pone de relieve la intrincada red de identidades nacionales e históricas, así como las implicaciones geopolíticas más amplias que influyen en las actitudes hacia Israel y su existencia.

El BDS y sus vínculos

Numerosos informes han destacado las conexiones entre el movimiento BDS, el terrorismo y el antisemitismo. Se han presentado muchas recomendaciones para combatir el creciente antisemitismo de nuestra era. En particular, estas recomendaciones incluyen aceptar y defender la definición de antisemitismo de la Alianza Internacional para el Recuerdo del Holocausto (IHRA) y prohibir el Movimiento BDS como medio para abordar este tema apremiante.

El informe de stopAntisemitism.org enfatiza que el movimiento BDS no es ajeno al terrorismo, ya que tiene vínculos con organizaciones terroristas designadas. El Comité Nacional Palestino BDS (BNC), el organismo coordinador del Movimiento BDS designado por Estados Unidos en todo el mundo, incluye el Consejo de Fuerzas Nacionales e Islámicas en Palestina, que engloba cinco organizaciones terroristas, entre ellas Hamás, el Frente Popular para la Liberación de Palestina (FPLP). y la Jihad Islámica Palestina (JIP). El informe revela la alarmante presencia de activistas terroristas dentro de las organizaciones BDS, con al menos 30 altos cargos ocupados por personas asociadas con estos grupos terroristas. Este análisis integral destaca las amplias interconexiones entre BDS y varias organizaciones terroristas.

Los grupos terroristas palestinos declaran abiertamente su defensa de matar judíos y exterminar al Estado de Israel.

Hay varios grupos terroristas palestinos que han surgido a lo largo de los años. Algunos de los comúnmente conocidos incluyen:

1. Hamás: Hamás es un grupo islamista palestino que opera principalmente en la Franja de Gaza, aunque también tiene presencia en Cisjordania. Fue fundado en 1987 con el objetivo de establecer un Estado islámico en la Palestina histórica y ha estado involucrado en numerosos ataques contra civiles y militares israelíes.

2. Jihad Islámica Palestina (PIJ): PIJ es un grupo militante islamista que se originó en Egipto y luego se trasladó a los territorios palestinos. Se formó a finales de la década de 1970 con el objetivo de destruir Israel y establecer un Estado islámico. La Yihad Islámica en Palestina ha llevado a cabo atentados suicidas con bombas, ataques con cohetes y otros actos de violencia contra objetivos israelíes.

3. Frente Popular para la Liberación de Palestina (FPLP): El FPLP es una organización política y militante palestina marxista-leninista. Fue fundada en 1967.

Tomando como ejemplo la Resolución 3379 de la ONU de 1975, que declaró que "el sionismo es una forma de racismo y discriminación racial" (a pesar de su revocación en 1991) e inspirándose en las tácticas de boicot empleadas por el movimiento antiapartheid en Sudáfrica, -Las ONG israelíes formaron el BNC para coordinar y facilitar lo que se conoce como el movimiento BDS. El Comité Nacional Palestino BDS (BNC) fue creado en 2008 y es el organismo coordinador del Movimiento BDS en todo el mundo. El primer miembro del BNC es el Consejo de Fuerzas Nacionales e Islámicas en Palestina, conocido fuera de los territorios palestinos como "Fuerzas Nacionales e Islámicas Palestinas" (PNIF). El PNIF fue fundado por Yasser Arafat y está compuesto por cinco organizaciones terroristas designadas por Estados Unidos, entre ellas: Hamás, el Frente Popular para la Liberación de Palestina (FPLP), el Frente Popular – Comando General (FPLP-GC), el Frente de Liberación de Palestina (PLF).) y la Jihad Islámica Palestina (JIP). Además, entre los miembros del PNIF se encuentran Khalid al-Batsh, miembro de alto rango de la Jihad Islámica en Palestina, y Jamil Mezher, miembro del buró político del FPLP. Ghassan Zeidan, ya fallecido, era miembro del Comité Central del PLF y miembro del PNIF, al igual que Iz Al-Din Kasab, representante de Hamás. Además, Haidar Eid, representante del BNC, dejó claro que Hamás y otros movimientos islámicos estaban representados en el BNC.

El Ministerio de Asuntos Estratégicos, publicó un informe el 19/02 denominado "Informe Terrorista en Traje" (2019). El informe encontró que activistas de Hamás y del Frente Popular para la Liberación de Palestina se habían infiltrado en organizaciones que pedían el boicot, la desinversión y las sanciones a Israel. Además, el informe también determinó que las interconexiones globales entre BDS y las organizaciones terroristas eran enormes, identificándose más de 100 conexiones. El informe stopantisemitsm examinó 13 organizaciones internacionales de BDS y descubrió que 30 activistas terroristas ocupaban altos cargos, 20 de los cuales en realidad habían pasado tiempo en prisión por sus crímenes, incluido el asesinato. Estos informes expusieron los vínculos entre el movimiento BDS y los grupos terroristas, como afirma (Greendorfer). "Las organizaciones terroristas y de boicot están unidas en su objetivo de destruir a Israel y ven la deslegitimación y el boicot contra Israel como un medio complementario a la lucha armada", dijo Erdan ().

Luego, un segundo informe liberado[1] por el Ministerio de Asuntos Estratégicos en Bruselas, bajo el título "Detrás de la máscara: la naturaleza antisemita del BDS al descubierto", catalogó 80 ejemplos de organizaciones y activistas de BDS que utilizan contenido antisemita en sus esfuerzos de boicot.

---

1. https://www.jns.org/israel-us-urge-eu-lawmakers-to-break-ties-with-bds-orgs/

La perspectiva política: las posiciones más allá de la izquierda, la derecha y las organizaciones internacionales

Algunas organizaciones han estado jugando un papel realmente clave en el antisemitismo moderno, especialmente en las organizaciones mundiales y particularmente en aquellas en las que ha sido posible introducir una retórica antisemita real, la antiglobalización ha sido secuestrada por ese tipo de movimientos. El movimiento antiglobalización de finales de los años 1990 y principios de los 2000 fue acusado por escritores e investigadores como Walter Laqueur, Paul Berman y Mark Strauss de mostrar elementos del nuevo antisemitismo. Los críticos de la visión de Laqueur-Berman-Strauss argumentan que la acusación es infundada o exagerada y pretende desacreditar las críticas legítimas a la globalización y las políticas económicas de comercio electrónico.

Hay muchos actores importantes que dicen que estos problemas son cada vez más comunes. Desafortunadamente, a menudo son instigados por algunos académicos o trabajadores universitarios que realmente piensan que están defendiendo a los débiles y a los pobres. Esos puntos de vista dicotómicos son a menudo parte de la visión y han ayudado a radicalizar a muchos grupos extremos.

Mark Strauss, de Foreign Policy, sostiene que la globalización ha despertado ansiedades acerca de "fuerzas externas" y que con "las ansiedades familiares vienen chivos expiatorios familiares". [78] Escribe que lo que él llama la "reacción contra la globalización" ha unido una variedad de elementos políticos, de izquierda a extrema derecha, a través de una causa común y que, al hacerlo, ha "fomentado [ed] un enemigo común". El nacionalista blanco estadounidense Matthew F. Hale, de la Iglesia Mundial del Creador, afirmó que las protestas de 1999 contra la Organización Mundial del Comercio en Seattle fueron "increíblemente exitosas desde el punto de vista de los alborotadores así como de nuestra Iglesia. Ayudaron a cerrar las conversaciones sobre "[78] Strauss también cita a la Alianza Nacional neonazi, que creó un sitio web llamado Red de Acción Antiglobalismo para ampliar... ... el movimiento antiglobalista incluya voces divergentes y marginadas."[78]

Strauss escribe que, como resultado de la participación de la extrema derecha, ha estallado una "extraña guerra territorial ideológica", en la que los activistas antiglobalización están librando una "batalla en dos frentes", uno contra la Organización Mundial del Comercio y el Fondo Monetario Internacional (FMI), y el Banco Mundial, el otro contra los extremistas que acuden a sus mítines.[78] Señala una marcha antiglobalización en Porto Alegre, Brasil; en el que dice que algunos manifestantes exhibieron esvásticas y que los activistas judíos por la paz fueron agredidos.

Celebrada dos meses antes del ataque liderado por Estados Unidos contra Irak, la conferencia de este año –una respuesta popular anual al adinerado Foro Económico Mundial de Davos– tuvo como tema "Otro mundo es posible". Pero el tema más apropiado podría haber sido "El mundo de ayer ha vuelto". Los manifestantes entre los 20.000 activistas de 120 países llevaban carteles que decían "Nazis, yanquis y judíos: ¡No más pueblos elegidos!". Algunos llevaban camisetas con la estrella de David entrelazada en esvásticas nazis. Los miembros de una organización palestina ridiculizaron a los judíos como los "verdaderos fundamentalistas que controlan el capitalismo estadounidense". Los delegados judíos que portaban pancartas que decían "Dos pueblos – Dos Estados: Paz en el Medio Oriente" fueron agredidos.[78]

BDS y la izquierda progresista y la derecha radical

La manifestación moderna del antisemitismo se puede ver en el movimiento BDS, que apunta a bienes, inversiones, campañas de vínculos académicos y culturales, investigaciones y pruebas con otras instituciones israelíes y ha sido acusado de ser antisemita en sus declaraciones y acciones.[18] El movimiento BDS recibe apoyo de organizaciones de extrema izquierda y sirve como terreno fértil para declaraciones antisemitas por parte de académicos liberales.[18]

El movimiento BDS personifica la interseccionalidad, con alianzas entre organizaciones islamistas y organizaciones de izquierda radical.[20] El movimiento ha mantenido exitosamente la cuestión palestina en la agenda pública al tiempo que conecta su lucha con aquellos que abogan por los derechos de otros grupos privados de derechos.[20]

Un informe de marzo de 2003 sobre el antisemitismo en la Unión Europea elaborado por Werner Bergmann y Juliane Wetzel, del Centro de Investigación sobre Antisemitismo de Berlín, identifica las manifestaciones antiglobalización como una de las fuentes del antisemitismo en la izquierda.[85] Lamentablemente, este fenómeno está muy extendido y se ha vuelto cada vez más popular en la izquierda para mostrar un antisionismo virulento que es, de hecho, un verdadero comportamiento antisemita. El campo progresista no ha podido evitar esta confusión. Hoy en día, ese problema existe en casi todas partes del campo de la izquierda, incluso entre los llamados moderados, los ancestrales enemigos de Estados Unidos. La propaganda palestina, que suele ser mentiras y distorsiones apoyadas por las organizaciones de derechos humanos, ha ido penetrando en el entorno militante de izquierda; Hay algunas razones para preocuparse por lo que ha estado sucediendo.

Robert Wistrich, profesor de Historia europea y judía en la Universidad Hebrea de Jerusalén, dijo a Manfred Gerstenfeld que la globalización ha dado lugar a una izquierda antiglobalista que es "visceralmente antiestadounidense, anticapitalista y hostil". [87] Sostiene que la década que precedió al actual aumento del antisemitismo fue acelerada por la globalización de la economía mundial, un proceso en el que los perdedores incluyeron a los mundos árabe y musulmán, que ahora son los "principales consumidores". de veneno antijudío y teorías de conspiración que culpan a todos menos a ellos mismos. Israel es sólo una pieza en este tablero de ajedrez, pero ha asumido una importancia tan inflada porque cumple una función antisemita clásica de ser un "opio para las masas". . Como ejemplo de la supuesta combinación de globalización, Estados Unidos e Israel, Josef Joffe, editor y editor de Die Zeit y profesor adjunto en la Universidad de Stanford, citó a José Bové, un activista antiglobalización francés y líder de la Confédération Paysanne.[88]] Bové encabezó lo que Joffe llama una "turba deconstruccionista" contra McDonald's para protestar contra sus efectos en la cocina francesa, y luego apareció en Ramallah para denunciar a Israel y anunciar su apoyo a Yasser Arafat. "La causa de Arafat era la causa de Bové... Aquí había un portavoz del movimiento antiglobalización que estaba combinando la globalización con la americanización y extendiendo su odio hacia ambas a Israel". [89] Joffe sostiene que Kapitalismuskritik es un "pilar de la fe antisemita". , una acusación que ha pasado sin problemas de los judíos a Estados Unidos. Al igual que los judíos, los estadounidenses son avariciosos que sólo conocen el valor del dinero y el valor de nada. Como los judíos, buscan reducir todas las relaciones al intercambio y al dinero. Como ellos, los estadounidenses están motivados únicamente por las ganancias, por lo que no respetan ninguna tradición."[90] Nuevo antisemitismo - Wikipedia. https://en.wikipedia.org/wiki/New_antisemitism

Una vez más, la falta de datos reales y motivación ideológica y, en muchos casos, la agenda antisemita de Hyde está impulsando el comportamiento de muchos enemigos de los judíos que comúnmente son los mismos que están los primeros en la fila en la manifestación antiisraelí.

Los grupos judíos están alarmados por la lista publicada en el portal pro palestino. La situación en Estados Unidos es terrible. De hecho, se han vuelto cada vez más incómodos; Será útil revisar la experiencia de uno de los grupos pro palestinos en Boston.

Como publicó el periódico chileno Publimetro el 29 de junio de 2022, "La comunidad judía en Massachusetts está alarmada luego de que un misterioso sitio web pro palestino publicara este mes una lista de instituciones locales, muchas de ellas judías, y pidiera su "desmantelamiento". y de otra manera perturbado."

Agregaron una declaración en el sitio web: "Los creadores del llamado Mapping Project dicen que su mapa interactivo de casi 50 universidades, departamentos de policía, empresas y organizaciones sin fines de lucro ilustra "algunas de las formas en que el apoyo institucional a la colonización de Palestina es estructuralmente (2022). El proyecto de mapeo nombra nombres. Jewish Exponent, 135(11), 10. vinculado a la vigilancia policial y la supremacía blanca donde vivimos y a los proyectos imperialistas estadounidenses en otros países". Este es un ejemplo concreto, entre muchos, de cómo una organización antisionista propalestina se volvió antisemita.

La erosión del apoyo dentro del movimiento progresista se puede observar incluso dentro de la comunidad judía. El Consejo Judío para Asuntos Públicos (JCPA) organizó una reunión Zoom en 2020 para la coalición llamada Judíos por la Reforma de la Justicia Penal, que incluyó 10/25 Links Pt2: El nuevo progresismo no deja espacio para los judíos; ¿Cómo engañó a Occidente un islamista radical?; Adidas abandona a Kanye West ~ Elder Of Ziyon - Noticias de Israel. [China Daily] Grupos judíos estadounidenses expresan su apoyo en medio del sentimiento anti-chino | Federación Judía de Cincinnati. https://www.jewishcincinnati.org/news-community-news/china-daily-us-jewish-groups

https://elderofziyon.blogspot.com/2022/10/1025-links-pt2-new-progressivism-makes.html destacados activistas judíos de la justicia penal. Sin embargo, durante esta reunión, se hizo evidente que cierto segmento de la comunidad judía estaba adoptando una perspectiva preocupante. Por ejemplo, Ariella, una joven profesional de una organización judía de derechos civiles, enfatizó la necesidad de reconocer la supuesta complicidad de la comunidad judía en la supremacía blanca y de priorizar la inclusión de los judíos negros en sus esfuerzos. Esta narrativa divisiva interna revela aún más los desafíos que enfrentan los judíos dentro de su propia comunidad.

En su libro recién publicado, "Woke Antisemitismo", David L. Bernstein, presidente del Consejo Judío para Asuntos Públicos (JC-PA), de tendencia izquierdista, profundiza en su propia experiencia y comprensión de que la ideología progresista a menudo se niega a ver a los judíos como algo más que opresores. Se espera que los judíos se autoflagelen, proclamando perpetuamente sus propios pecados imaginados. Esta realidad subraya la necesidad de abordar el aumento del antisemitismo consciente dentro de los círculos progresistas.

En un revelador artículo titulado «El nuevo progresismo no deja lugar a los judíos», publicado el 25 de octubre de 2022, el autor analiza el fenómeno de cómo la interseccionalidad, una palabra de moda progresista que enfatiza la interconexión de causas justas, se ha utilizado contra los judíos. El artículo destaca cómo los activistas argumentan que oponerse al racismo en Estados Unidos debería significar inherentemente oponerse a la existencia de Israel. Esta postura excluyente deja poco espacio para el compromiso o el entendimiento.

Alemania, con su dolorosa historia marcada por las atrocidades nazis, está trabajando para asegurarse de estar en el lado correcto de la historia. El país guarda un vívido recuerdo de cuando los nazis instaron a los gentiles a no comprar productos de los judíos, lo que finalmente condujo al robo, el desplazamiento y la matanza de seis millones de judíos. Es vital que otras naciones también enfrenten el antisemitismo y actúen en consecuencia.

Es desalentador presenciar la infiltración de ideologías antisemitas en diversas instituciones que deberían defender la inclusión y los derechos humanos, como instituciones de educación superior, iglesias, organizaciones religiosas, ONG de derechos humanos, escuelas y movimientos progresistas. La izquierda y el campo progresista, alguna vez defensores de las causas de la justicia social, se han vuelto cada vez menos amigables con los judíos.

Lamentablemente, la izquierda y el campo progresista se han vuelto menos amigables con los judíos. En 'El nuevo progresismo no deja lugar a los judíos' publicado en OCT. 25 de 2022, es posible seguir el fenómeno, es notable que "En 2016, cuando la "interseccionalidad" escapó de la academia para convertirse en una palabra de moda progresista y llegó a significar una doctrina de que todas las causas justas están vinculadas y son complementarias", comenzó David L. Bernstein. sospechar que era apto para ser utilizado contra los judíos. Como señaló en un artículo publicado ese año, los activistas argumentaron bajo la bandera de la interseccionalidad que cualquiera que se oponga al racismo en Estados Unidos debería oponerse también a la existencia de Israel".

Aunque Bernstein tenía algunas esperanzas y su calidad de "presidente del izquierdista Consejo Judío para Asuntos Públicos (JCPA)" se dio cuenta con tristeza de que no hay espacio para la esperanza en este asunto, "se enteró de que había poco espacio para tal posición de compromiso"

El incidente que se describe con detalles es realmente frustrante: "[En 2020], la JCPA organizó una reunión de Zoom para una coalición llamada Judíos por la Reforma de la Justicia Penal, que incluía a los principales activistas judíos de la justicia penal de todo el país. "25/10 Links Pt2: El nuevo progresismo no deja lugar a los judíos; ¿Cómo engañó a Occidente un islamista radical?; Adidas abandona a Kanye West ~ Elder Of Ziyon - Noticias de Israel. https://elderofziyon.blogspot.com/2022/10/1025-links-pt2-new-progressivism-makes.html

El veneno ha ido contaminando incluso a la comunidad judía, un buen ejemplo de ello es la expresión de "Ariella, una joven profesional de una organización judía de derechos civiles", dijo a los siguientes molestos pupilos: "Antes de hablar de estrategia, hay Hay mucho trabajo interno que tenemos que hacer en la comunidad judía. Necesitamos reconocer nuestra complicidad con la supremacía blanca y asegurarnos de que tengamos judíos negros al frente de estos esfuerzos".

"En resumen, Bernstein descubrió que en este tipo de ideología progresista no hay lugar para ver a los judíos como algo más que opresores, y para que los judíos hagan algo más que proclamar sus propios pecados imaginarios. Este descubrimiento es el tema de su libro recién publicado, "Woke Antisemitismo".

La mayoría de los informes recientes sobre la conexión del movimiento BDS tanto con el terrorismo como con el antisemitismo hacen muchas recomendaciones diferentes sobre cómo detener el creciente antisemitismo de nuestra era, una de las cuales es de particular interés: que los países deberían aceptar el Holocausto Internacional. La definición de antisemitismo de la Remembrance Alliance (IHRA) y defender sus principios y prohibir el movimiento BDS.

El Sinn Fein, un partido socialista democrático que obtuvo la mayor cantidad de votos [de primera preferencia] en las elecciones parlamentarias de Irlanda de 2020, ha estado encabezando la orientación cada vez más antiisraelí de la política exterior de Irlanda. Desafortunadamente, prácticamente no ha habido reacción por parte del público en general o de las instituciones de la sociedad civil de Irlanda. Esta falta de apoyo a Israel es preocupante, ya que gran parte de la retórica y las críticas propalestinas a Israel no sólo son injustas sino que se han transformado en un antisemitismo flagrante. . . . Una legisladora, Catherine Connolly, planteó el tema antisemita de la "supremacía judía".

[Pero] hay poca evidencia de que la mayor parte de la ciudadanía irlandesa apoye este ataque perjudicial contra Israel, y mucho menos la venenosa retórica antijudía. . . . En Irlanda, el odio a los judíos no surge del público en general, sino que parece claramente impulsado desde arriba hacia abajo. Estos ataques tipo Goebbels contra Israel incluyen salvas de varios miembros del parlamento del Sinn Fein. Uno de ellos, Martin Browne, representa a Tipperary y afirma, falsamente, que Israel creó el Estado Islámico. Otro, Matt Carthy, en representación de Cavan-Monahan, ha declarado que Israel es el peor violador de los derechos humanos en la Tierra, presumiblemente eclipsando a China, Corea del Norte, Venezuela e Irán.

Comprender las contradicciones

Sin embargo, vale la pena señalar que el alineamiento del Partido Comunista con grupos islámicos ultra extremistas, como Irán, Hamas y Hezbollah, genera preocupación. Estos grupos han sido asociados con retórica y acciones antisemitas en el pasado. Es esencial analizar críticamente las alianzas del partido y responsabilizarlos por cualquier posible respaldo o tolerancia al antisemitismo dentro de estos círculos extremistas.

1. Libertad de expresión:

Una acusación notable dirigida contra la izquierda es que, a pesar de afirmar que defienden la libertad de expresión, a menudo intentan silenciar las voces conservadoras o las ideas con las que no están de acuerdo. Esta supuesta hipocresía se manifiesta a través de casos en los que individuos o grupos de izquierda protestan y, en ocasiones, recurren a la violencia para impedir que los oradores conservadores compartan sus perspectivas en los campus universitarios o en espacios públicos. Los críticos sugieren que tal comportamiento revela una falta de tolerancia hacia puntos de vista opuestos, contradiciendo así la esencia misma de la libertad de expresión. El argumento es que, en lugar de fomentar el diálogo abierto y fomentar un mercado de ideas, ciertas facciones dentro de la izquierda prefieren sofocar y reprimir las voces disidentes.

2. Igualdad:

Los críticos argumentan que, si bien la izquierda y los progresistas frecuentemente enfatizan su compromiso con la igualdad y la inclusión, ocasionalmente se involucran en políticas de identidad, priorizando características como la raza o el género sobre el mérito individual. Este enfoque, según los críticos, podría sembrar inadvertidamente división en lugar de unidad, socavando en última instancia el objetivo de una igualdad genuina. Sostienen que la verdadera igualdad debe reconocer y valorar a las personas en función de sus cualidades, habilidades y logros únicos, en lugar de agruparlos únicamente en función de su identidad. Esta supuesta hipocresía cuestiona la pretensión de la izquierda de defender la igualdad de trato de todos los individuos.

3. Señalización de virtud moral:

Otra acusación presentada contra algunos individuos de la izquierda se refiere a la señalización de virtudes o "activismo performativo", en el que se emplean declaraciones públicas o gestos superficiales para mostrar la superioridad moral, sin acciones o políticas sustanciales que los respalden. Los críticos argumentan que este comportamiento contradice los principios que la izquierda pretende defender. Si bien denunciar la injusticia es esencial, los críticos sostienen que un cambio auténtico y sostenible requiere acciones consistentes y esfuerzos colaborativos para abordar los problemas subyacentes. Esta supuesta hipocresía genera preocupaciones sobre la credibilidad y el impacto de la señalización de virtudes morales de la izquierda.

4. Doble rasero:

Los críticos sostienen que la izquierda a menudo critica a los conservadores por sus acciones o declaraciones sin someter a sus propios miembros al mismo nivel de escrutinio. Los casos en los que la izquierda ha sido acusada de mala conducta, pero se ha enfrentado a un examen interno relativamente menor, se citan como prueba de un doble rasero. Esta percepción de rendición de cuentas inconsistente socava la integridad y coherencia del movimiento de izquierda y progresista. Los críticos argumentan que para que cualquier movimiento mantenga credibilidad, es imperativo aplicar estándares consistentes y responsabilizar a todos los miembros por sus acciones o declaraciones, independientemente de su afiliación política.

5. Políticas Económicas:

La izquierda frecuentemente aboga por políticas destinadas a beneficiar a la gente común, como aumentar el salario mínimo o implementar medidas de redistribución de la riqueza. Sin embargo, los críticos argumentan que estas políticas pueden tener consecuencias no deseadas e impactos negativos en la creación de empleo o el crecimiento económico. Sostienen que, si bien las intenciones detrás de estas políticas pueden ser encomiables, su viabilidad y eficacia deben examinarse cuidadosamente. Los críticos proponen que métodos alternativos, como fomentar un entorno propicio para el espíritu empresarial o reducir regulaciones engorrosas, podrían lograr objetivos similares sin posibles repercusiones económicas adversas. Esta supuesta hipocresía arroja dudas sobre la aplicación económica de la izquierda.

Aunque hay una evidente hipocresía por parte del campo progresista, es importante reconocer que estos argumentos no son representativos de todos los movimientos de izquierda y existen contraargumentos. Sin embargo, aquí se discuten críticas comunes y se destacan posibles inconsistencias dentro de este marco ideológico.

Es difícil sortear las contradicciones de la posición antisemita de la asociación de la izquierda mundial con grupos islámicos ultraextremistas, también con organizaciones terroristas fanáticas como Hamás o Hezbolá. Si bien la izquierda también se caracteriza por sus militantes feministas, defensoras de los derechos LGBTQ+, es difícil encontrar el entendimiento que puede existir con grupos que criminalizan el amor entre individuos del mismo género, subestiman el papel de la mujer en la sociedad y discriminan las creencias cristianas. El único factor posible que puede explicar esto es el nuevo antisemitismo, el antisionismo.

En Qatar, por ejemplo, mantener relaciones sexuales con personas del mismo sexo puede conllevar una pena de hasta 7 años de prisión. Y no es el país más duro. Irán, Arabia Saudita, Sudán y Yemen -entre otros países islámicos- contemplan la pena de muerte como castigo por estos actos. Se puede decir que la represión contra gays y lesbianas es hoy mayor en el mundo islámico que en sociedades de tradición cristiana, budista, hindú, confuciana o judía.

BDS y la derecha radical

En octubre de 2004, la revista New Internationalist publicó un número especial que cubría la inserción de retórica antisemita en algunos debates progresistas.[97] Adam Ma'anit escribió:[98] Tomemos como ejemplo la reciente perorata editorial del fundador de la revista

Adbusters, Kalle Lasn, contra los neoconservadores judíos. En un intento de vincular a los judíos con el fascismo, el artículo incluye una "lista bien investigada" autoseleccionada de 50 de los "neoconservadores" supuestamente más influyentes con pequeños puntos negros al lado de todos los que son judíos. Si no son los neoconservadores, entonces es el todopoderoso 'lobby judío' que pide rescate a los gobiernos de todo el mundo (porque los judíos controlan la economía global, por supuesto) para que cumplan sus órdenes. Pero es curioso que, una vez más, los judíos puedan ser, al mismo tiempo, capitalistas y anticapitalistas, partidarios y enemigos de los comunistas. Sí, se podría acusar al pueblo judío de ser enemigo de todos al mismo tiempo. Sí, los judíos han sido acusados de ser partidarios de los ultraconservadores; Mientras tanto, los judeófobos de derecha a menudo hablan de una conspiración judía de izquierda para promover la igualdad y los derechos humanos a través de un nuevo internacionalismo encarnado en la ONU para controlar los gobiernos y suprimir la soberanía nacional. Lo llaman el "Nuevo Orden Mundial" o el "Orden Mundial Judío". Hacen listas similares a las de Lasn de judíos prominentes en el movimiento por la justicia global (Noam Chomsky, Naomi Klein, etc.) para defender su caso.`` [99]

El Congreso Judío Mundial publicó su página web en 2022: "El odio y la violencia contra cualquier grupo pueden extenderse rápidamente, aunque sea irracionalmente, al odio y la violencia contra el pueblo judío. La inestabilidad en cualquier lugar puede encender el antisemitismo en todas partes, y eso es exactamente lo que estamos viendo: judíos Los franceses se enfrentan a una "amenaza política sin precedentes", afirma Yonathan Arfi, el recién elegido presidente del CRIF, la organización que agrupa a las comunidades judías francesas, tras los impactantes resultados electorales en los que facciones de extrema izquierda y derecha lograron un éxito legislativo récord. .

Polémica por el presunto antisemitismo dentro del movimiento francés. Según un informe del Instituto Stephen Roth para el estudio del antisemitismo, un acontecimiento importante para el movimiento antiglobalización en Francia fue el Foro Social Europeo (FSE) celebrado en París en noviembre de 2003. Entre los organizadores supuestamente figuraban varios grupos islámicos, como Présence Musulmane, Secours Islamique y Collectif des Musulmans de France. Tariq Ramadan, nieto de Hassan al-Banna, el fundador egipcio de los Hermanos Musulmanes, también asistió a las reuniones. Unas semanas antes, Ramadan había publicado un artículo controvertido en un sitio web –después de que Le Monde y Le Figaro se negaran a publicarlo– criticando a varios intelectuales franceses, que según el Instituto, eran judíos o "otros que erróneamente pensaba que eran judíos". por haber supuestamente traicionado sus creencias universalistas en favor del apoyo incondicional al sionismo e Israel".*

Bernard-Henri Lévy, uno de los intelectuales criticados, pidió al movimiento antiglobalización francés que se distanciara del Ramadán. En una entrevista concedida a Le Monde, Lévy afirmó: "El señor Ramadan, queridos amigos antiglobalización, no es ni puede ser uno de los suyos... Les pido que se distancien de este personaje que, al atribuir la idea de una conspiración elitista bajo el control del sionismo, sólo está inflamando los pensamientos de la gente y abriendo el camino a lo peor."[95]

Le Monde informó que muchos miembros del movimiento antiglobalización en Francia coincidieron en que el artículo de Ramadán "no tiene cabida en una lista de correo del Foro Social Europeo".[95]

Hay pocos lugares en el mundo donde es posible encontrar un antisemitismo virulento como en España, como afirma la exitosa periodista de spainaider Pilar Rahola. Muchos son ejemplos que ilustran el antiamericanismo y los sentimientos antiisraelíes que definen a la izquierda española. Por ejemplo, uno de los partidos de izquierda en España acaba de expulsar a uno de sus miembros por crear un sitio web proisraelí. Cito del documento de expulsión: "Nuestros amigos son los pueblos de

Irán, Libia y Venezuela, oprimidos por el imperialismo, y no un Estado nazi como Israel".

Algo extraño está sucediendo en España con respecto al antisemitismo, sobre todo con la terrible consideración de sus brutales y terribles consecuencias. inquisición. Rahola afirmó que "otro ejemplo, el alcalde socialista de Ciempozuelos cambió el Día de la Shoah, que conmemora a las víctimas del Holocausto, por el Día de la Nakba palestina, que lamenta la creación del Estado de Israel, mostrando así desprecio por los seis millones de judíos europeos asesinados en el Holocausto."

Y Rahola continúa compartiendo su pensamiento: "O en mi ciudad natal, Barcelona, el ayuntamiento decidió conmemorar el 60 aniversario de la creación del Estado de Israel, organizando una semana de solidaridad con el pueblo palestino. Así, invitaron a Leila Khaled, una destacada terrorista de los años 70 y actual líder del Frente Popular para la Liberación de Palestina, una organización terrorista descrita por la Unión Europea como promotora del uso de bombas contra Israel.

Lamentablemente, Rahola observa que esta forma de pensar políticamente correcta ha contaminado incluso los discursos de los líderes progresistas. Un ejemplo, según afirmó, es el expresidente Zapatero. Rahola explica este tema en particular: ``Su política exterior cae dentro de la izquierda lunar, y en cuestiones de Medio Oriente, es inequívocamente proárabe. En privado, Zapatero culpa a Israel del conflicto en Oriente Medio, y las políticas del ministro de Asuntos Exteriores Moratinos así lo reflejan. No es casualidad que Zapatero llevará el café durante el conflicto del Líbano."

Además, España está en el punto de mira de todas las organizaciones terroristas islámicas debido al peor atentado terrorista ocurrido en Europa. A pesar de utilizar móviles con satélites que se remontan a la Edad Media, la izquierda española es la más antiisraelí del mundo, según Rahola.

La abogada chilena y también líder juvenil judía Vanessa Hites, en su trabajo sobre el intento de BDS en Chile, reconoció el vasto y significativo éxito de ACOM en España, Hites en su tesis estudió revisar y establecer su conclusión sobre el fallido BDS de que “más Más de veinte sentencias españolas que fueron "estudiadas, procedentes de Tribunales Contencioso Administrativos y Tribunales Superiores de Justicia, que declaran la ilegalidad del movimiento BDS cuando los ayuntamientos lo adoptan". Señaló acertadamente el destacado papel de la asociación ACOM - Española; "organización encargada de fortalecer los lazos de cooperación entre Israel y España- que", junto a su presidente Ángel Más, fueron quienes presentaron diversos recursos contra los municipios que adoptaron los acuerdos BDS. "

Hites también escribe sobre que "Los principales motivos esgrimidos se basan en infracciones a la Constitución Española y a la Ley de Bases de Régimen Local. En este contexto, se alega la vulneración de derechos fundamentales".

Resalta que la legislación española "establece en los artículos 14, 16 y 20 de la CE, a saber, el derecho a la igualdad y a la no discriminación, el derecho a la libertad religiosa, ideológica y de culto, y la libertad de expresión". En España se han presentado muchos intentos diferentes de BDS, todos anulados por ACOM.

El Jerusalem Post destacó y destacó el excelente trabajo y los logros del Sr. Mas. "Ángel Mas es el presidente de ACOM, principal grupo en España en la lucha contra el antisemitismo y a favor de las relaciones entre España e Israel, sobre la base de valores compartidos e intereses comunes."

El Jerusalem Post destaca correctamente el exitoso trabajo de la ACOM en los tribunales y medios de comunicación españoles. "ACOM es activa políticamente como organización de diplomacia pública. También tiene una presencia destacada en los medios tradicionales y sociales, como una de las principales voces en español defendiendo el caso de Israel y denunciando el odio a los judíos".

Y el periódico israelí añade: "Durante la última década, ACOM representa uno de los casos más exitosos a nivel mundial de lucha legal contra la campaña BDS, con cerca de 80 resoluciones judiciales exitosas contra el boicot y la discriminación en España". ACOM es una luz en una noche oscura y debería ser comentada.

Es imposible evitar la asociación de la Shoah con los actuales esfuerzos de Alemania para crear una sociedad inclusiva. Además de los esfuerzos del gobierno alemán, la sociedad alemana en su conjunto ha participado activamente en el proceso de enfrentar el antisemitismo y promover la inclusión. Si bien reconoce los desafíos que persisten, Alemania ha visto un número creciente de personas y organizaciones que adoptan una postura contra el antisemitismo y trabajan para fomentar una sociedad más tolerante e inclusiva.

La increíble hipocresía del progresismo y de la izquierda en general, con un inusitado doble rasero, corre y se apresura a condenar a Israel por acciones que el Estado judío no cometió, como el hospital de Gaza que se demostró que fue bombardeado por la Yihad Islámica, pero mantiene un silencio sepulcral ante el asesinato de homosexuales y la falta de derechos de las mujeres en la república islámica de Irán. LIBRO PUG.

Una de las observaciones importantes hechas en el informe stopAntisemitism.org es la creciente alianza entre el movimiento BDS, en gran medida progresista, y la red neofascista y supremacista blanca a nivel internacional. Este alineamiento es preocupante, ya que sugiere que la campaña de deslegitimación contribuye a la radicalización de las sociedades democráticas. El informe sostiene que los mensajes, las imágenes y la propaganda propagados por el movimiento BDS son adoptados y promovidos por foros y extremistas neonazis y de derecha radical. Esta convergencia de ideologías bajo la apariencia de una campaña de derechos humanos plantea una amenaza significativa a los valores occidentales en las sociedades democráticas abiertas.

Judenrein – ¿libre de judíos?"

La alarmante alineación entre el movimiento BDS, las ideologías de extrema derecha y el movimiento nazi requiere atención y acción urgentes. Es crucial combatir colectivamente el antisemitismo, defender los principios de los derechos humanos y garantizar un mundo inclusivo, tolerante y libre de odio y discriminación.

Gila Milstein comenta en el Jerusalem Post las cálidas relaciones del BDS con la extrema derecha y el movimiento nazi

"Alemania ahora está trabajando para estar en el lado correcto de la historia, como recuerdan vívidamente cuando los nazis instaron a los gentiles a no comprar productos de los judíos, un boicot que escaló hasta convertirse en robo, desplazamiento y, finalmente, la matanza de seis millones de judíos. Es hora de que otros sigan sus pasos".

Las teorías de extrema derecha suelen defender la idea de que la "nación" o la "patria" es necesariamente definido por la raza.

Por lo tanto, se deduce que sólo aquellos con "sangre pura" o que pertenecen a "la raza blanca" (la verdadera "raíz" de la nación) pueden ser sus ciudadanos. Según esta teoría, los judíos son cosmopolitas por naturaleza y, por lo tanto, automáticamente peligrosos y amenazantes para la existencia continua de la nación. Esta teoría es a la vez política y cultural y es antiliberal y anti multicultural en esencia (Belew, 2019; Lipstadt, 2019). Lipstadt (2019) afirma que la filosofía de la extrema derecha se basa en una ideología de "poder blanco" y "supremacía blanca". Ella sostiene que tales ideologías "contienen una creencia básica en la naturaleza malvada de los judíos, musulmanes y no blancos" (p. 38). En el contexto estadounidense, Lipstadt escribe además que,

Según los supremacistas, estas minorías tienen la intención de dañar a los "estadounidenses comunes y corrientes". Se encuentran en las audiencias del poder blanco. Visitan sitios web que promueven a los neonazis, el nacionalismo blanco y el antisemitismo. Muchos de ellos se adhieren a una identidad cristiana. Algunas de estas personas son miembros de grupos de "resistencia" contra los grandes gobiernos que participan en crímenes de odio violentos, particularmente contra instituciones y funcionarios gubernamentales (p. 38).

Según Lipstadt (2019), los grupos de extrema derecha en Estados Unidos también suelen adherirse a la teoría de que Estados Unidos está controlado por un "Gobierno de Ocupación Sionista (ZOG)". Los partidarios de esta teoría creen que existe un "grupo internacional de judíos ricos que intentan poner fin a la soberanía estadounidense y crear un gobierno mundial que solo ellos gobernarán. Sostienen que "ZOG ya controla los medios de comunicación, los bancos y la política exterior de Estados Unidos, y ahora está trabajando para dominar el mundo" (p. 39).

La negación del Holocausto es un elemento importante y destacado típico de la ideología antisemita de extrema derecha. Según Lipstadt (2019), la identidad total con los valores nacionalsocialistas, el concepto de "supremacía aria" y la admiración por Adolf Hitler son terreno fértil para la negación de los crímenes del Holocausto. Además, Lipstadt considera a los negadores del Holocausto de la extrema derecha como un "nuevo tipo" de neonazismo (p. 130). Estas personas, según ella, son "lobos con piel de cordero que se autoproclaman "revisionistas", eruditos serios que sólo querían revisar "errores" en la concepción histórica" (p. 131). /[6] afirma Lipstadt Sin embargo, una mirada más cercana a sus investigaciones muestra una gran admiración e identificación con los valores nacionalsocialistas del período del Tercer Reich: el antisemitismo, el racismo, el uso de símbolos antisemitas, etc., lo que equivale a "un extremismo que se hace pasar por racional". discurso" (p. 131). Identificarse con los valores nacionalsocialistas también implica a veces adoptar la ideología nazi para su uso actual, como "sangre y tierra" (Blut & Boden), "comunidad del pueblo" (Volksgemeinschaft) y la concepto de "pueblo" (Volk) en su sentido étnico.[7] Según Salzborn (2018), el término "comunidad del pueblo" es ideológicamente inconsistente con el término "sociedad", que significa una forma abierta y heterogénea de asociación que contiene contradicciones. Afirmó que,*

A diferencia del término “sociedad”, Volksgemeinschaft representa sólo una coerción que oprime y utiliza un método totalitario tanto contra los incluidos en ella como contra los excluidos de ella (pp. 76–77). Otro concepto adoptado por la extrema derecha antisemita es “el gran reemplazo”, según el cual las razas “no blancas” están “desplazando” a la “raza blanca” en sus países de origen (Beirich & Via, 2020, p. 6; Cosentino, 2020).

19 de diciembre de 2019 ‘El Nuevo Antisemitas': Un informe sobre el BDS y la campaña de deslegitimación contra Israel Un nuevo informe publicado por StopAntisemitism.org y el Instituto Legal Zachor, respaldado por más de dos docenas de ONG estadounidenses, ha revelado la “inquietante conexión entre el odio más antiguo del mundo y el campaña de deslegitimación* contra el Estado de Israel”.

El informe “Los nuevos antisemitas: el mecanismo de radicalización del movimiento BDS y la campaña de deslegitimación contra Israel” de Stop Anti Semitism documenta cómo el esfuerzo de deslegitimación, tal como lo difundió el movimiento “Boicot, Desinversión y Sanciones” (BDS), junto con la extrema derecha y la izquierda radical, está creando un entorno amenazador que normaliza el antisemitismo, algo que la historia ha demostrado que tiene consecuencias mortales:

calidad y la Comisión de Derechos Humanos (CEDH) por este y muchos otros.

Respecto a cómo entienden los racistas la sociedad, Yad Va Shem afirmó: "Los racistas dividen el mundo en razas"superiores " e"inferiores " y creen que, por naturaleza y destino, los pueblos superiores tienen derecho a dominar a los inferiores".

Es difícil de entender desde una perspectiva racional Más allá de la pasión por los viajes: 30 palabras que todo viajero debería saber.https://www.mentalfloss.com/article/546760/words-every-traveler-should-know

Cómo la gente normal ha podido creer en ese tipo de cosas, pero la triste verdad es que las había. Incluso hoy en día hay un gran número de personas que abordan concepciones racistas del mundo. En la historia judía, trágicamente, ésta ha sido inseparable de la biografía del propio pueblo judío, como los siameses, con la imposibilidad de concebir el mundo judío sin ella. Pero el racismo no ha estado solo en el largo viaje del pueblo judío; Lamentablemente, también los prejuicios, el odio, la discriminación y otros atributos dolorosos han provocado dolor, tortura y muerte sistemáticos y horribles.

Al mismo tiempo, es muy difícil entender cómo la gente común podrá abordar un movimiento antisemita como el BDS. Es especialmente doloroso cuando llega; instituciones de educación superior, iglesias, organizaciones religiosas, ONG de derechos humanos, escuelas y actores progresistas.

Las cálidas relaciones entre el movimiento BDS y las ideologías de extrema derecha, incluido el movimiento nazi, son un hecho preocupante. Las teorías de extrema derecha a menudo defienden la creencia de que una nación o patria está inherentemente definida por la raza. Según esta ideología, sólo aquellos que poseen "sangre pura" o pertenecen a la "raza blanca" son considerados verdaderos ciudadanos, mientras que los judíos, vistos como inherentemente cosmopolitas, son vistos como una amenaza a la existencia de la nación. Esta perspectiva política y cultural es de naturaleza profundamente antiliberal y anti multicultural (Belew, 2019; Lipstadt, 2019).

Lipstadt (2019) sugiere que la filosofía de la extrema derecha se basa en los conceptos de "poder blanco" y "supremacía blanca", que inherentemente sostienen una creencia en la naturaleza malvada de judíos, musulmanes y no blancos (p. 38). En el contexto estadounidense, Lipstadt explica además que los partidarios de ideologías de extrema derecha se congregan en audiencias sobre el poder blanco, visitan sitios web que promueven el neonazismo, el nacionalismo blanco y el antisemitismo, y a menudo tienen afiliaciones con grupos de "resistencia" contra los grandes gobiernos que participar en crímenes de odio violentos, particularmente contra instituciones y funcionarios gubernamentales (p. 38).

Además, Lipstadt (2019) señala que los grupos de extrema derecha en Estados Unidos comúnmente suscriben la teoría de un "Gobierno de Ocupación Sionista" (ZOG). Esta teoría sostiene que un grupo internacional de judíos ricos busca socavar la soberanía estadounidense y establecer un gobierno mundial bajo su gobierno. Alegan que el ZOG ya controla los medios de comunicación, la banca y la política exterior y está trabajando para lograr el dominio głobal (p. 39).

La negación del Holocausto es una faceta destacada de la ideología antisemita de extrema derecha. Según Lipstadt (2019), quienes niegan el Holocausto a menudo comparten una profunda admiración e identificación con los valores nacionalsocialistas de la era del Tercer Reich, que incluyen el antisemitismo, el racismo y el uso de símbolos antisemitas. Estos individuos se califican a sí mismos de "revisionistas", pero en realidad son "lobos con piel de oveja" que buscan justificar y perpetuar las ideologías extremistas del régimen nazi (p. 131).

Algunos grupos de extrema derecha también adoptan conceptos de la ideología nazi para sus propósitos actuales. Términos como "sangre y suelo" (Blut & Boden) y "comunidad del pueblo" (Volksgemeinschaft), junto con el concepto de base étnica de "folk" (Volk), se incorporan a su discurso (Salzborn, 2018). Salzborn (2018) sostiene que la noción de Volksgemeinschaft, con su enfoque en la homogeneidad étnica y la coerción opresiva contra aquellos excluidos de ella, contrasta marcadamente con el término más inclusivo y heterogéneo de "sociedad" (págs. 76-77). Otro concepto adoptado por la extrema derecha es la noción de "el gran reemplazo", que postula que las razas "no blancas" están desplazando a la "raza blanca" en sus países de origen (Beirich & Via, 2020, p. 6; Cosentino, 2020).

El 19 de diciembre de 2019, StopAntisemitism.org y el Instituto Legal Zachor publicaron un informe titulado «El nuevo antisemitismo: un informe sobre el BDS y la campaña deslegitimadora contra Israel». Este informe, respaldado por más de dos docenas de ONG estadounidenses, expuso la inquietante conexión entre el movimiento BDS y la campaña de deslegitimación contra el Estado de Israel. Documentó cómo el movimiento BDS, junto con la extrema derecha y la izquierda radical, crea un entorno amenazador que normaliza el antisemitismo, con consecuencias potencialmente mortales, como lo ha demostrado la historia.

para compartirhttps://m.jpost.com/diaspora/Antisemitism/article-721382?utm_source=ActiveCampaign&utm_medium=email&utm_content=US%2Bmidterm%2Belections%253A%2BWill%2Bthe%2BJewish%2Bvote%2Bplay%2Ba%2Brole%253F&utm_campaign=November% 2B5%252C%2B2022Bggǵ.g[1] 5e5e448bdf3e9809a59a88bb/1583236400890/El+Nuevo+[2]Antisemitas.pd[3].tdBpf-QFLvmri-nQajK

El alineamiento político

Las declaraciones de Strauss sugieren que está surgiendo una nueva forma de antisemitismo que combina sentimientos antiisraelíes de la izquierda con creencias antisemitas tradicionales de la derecha. Strauss sostiene que este alineamiento político es único y peligroso, al tiempo que lo conecta con el antiglobalismo y el resurgimiento de tropos medievales. Menciona ejemplos específicos que demuestran el avance del antisemitismo, como la negativa del Movimiento Internacional de la Cruz Roja y de la Media Luna Roja a exhibir la Estrella de David en sus ambulancias y la preocupante tendencia de los neonazis a adoptar

---

1. https://m.jpost.com/diaspora/antisemitism/article-721382?utm_source=ActiveCampaign&utm_medium=email&utm_.content=US%2Bmidterm%2Belections%253A%2BWill%2Bthe%2BJewish%2Bvote%2Bplay%2Ba%2Brole%253F&utm_campaign=November%2B5%252C%2B2022Bgg%C4%A3.g
2. https://static1.squarespace.com/static/5cc20f51ca525b73bdd50e3a/t/5e5e448bdf3e9809a59a88bb/1583236400890/The+New+Anti-Semites.pd
3. https://static1.squarespace.com/static/5cc20f51ca525b73bdd50e3a/t/5e5e448bdf3e9809a59a88bb/1583236400890/The+New+Anti-Semites.pd

símbolos palestinos y los palestinos a comprar copias de Mein. Campamento. Este punto de vista arrojó luz sobre la complejidad histórica, la fluidez y la naturaleza evolutiva del concepto de antisemitismo, así como de la persecución judía, en la que los judíos han sido atacados como capitalistas y comunistas, demostrando cómo pueden ser vistos como enemigos desde diferentes perspectivas ideológicas y cómo diversas fuerzas pueden contribuir a su resurgimiento ensociedad contemporanea.

Esta nueva forma de antisemitismo reúne a aliados improbables: los críticos de izquierda de las políticas israelíes se alinean con el antisemitismo de derecha que pretende destruir a Israel. Esta coalición muestra la complejidad del antisemitismo contemporáneo, donde diferentes grupos ideológicos encuentran puntos en común para oponerse al pueblo judío y al Estado de Israel. La conexión entre el antiglobalismo y la resurrección de las imágenes antisemitas medievales sugiere que los cambios sociales y políticos pueden perpetuar los prejuicios. A medida que la globalización y el multiculturalismo se vuelven más prominentes, pueden convertirse en chivos expiatorios de cuestiones sociales, y el antisemitismo puede utilizarse como una herramienta conveniente para canalizar frustraciones y ansiedades. Mientras tanto, el impacto de la inmigración, en particular de los inmigrantes musulmanes en Europa, añade otra capa a este problema más amplio. Los conflictos árabe-israelí e israelí-palestino pueden amplificar el sentimiento antiisraelí y, en algunos casos, fomentar actitudes antisemitas dentro de determinadas comunidades.

Abordar este aspecto requiere promover el diálogo, el entendimiento y la coexistencia pacífica entre diferentes grupos religiosos y culturales. Para enfrentar este problema más amplio, es crucial participar en iniciativas educativas integrales, promover la diversidad y la inclusión y fomentar el diálogo interreligioso e intercultural. Crear sociedades que rechacen y contrarresten activamente el antisemitismo y otras formas de discriminación es esencial para construir un mundo más tolerante e inclusivo, precisamente sin boicotear ni odiar. Abordar el contexto más amplio de este nuevo antisemitismo requiere puntos de vista multifacéticos tanto a nivel individual como social para desafiar los prejuicios, promover la comprensión y fomentar una cultura de respeto y aceptación. Comprender es lo opuesto a boicotear, es el proceso inverso de aceptación.

Mark Strauss de Foreign Policy cita al líder judío francés Roger Cukierman, quien identifica el movimiento antiglobalización como "una alianza antisemita marrón-verde-roja", que incluye a ultranacionalistas, *movimiento verde y comunistas.[78] Se han formado alianzas cableadas para luchar contra la única democracia en Medio Oriente; ninguno se ha organizado para pedir derechos humanos en Cuba, Venezuela o Nicaragua. Por cierto, ninguna para rescatar a los gays que intentan escapar de Irán o Gaza, y ninguna noticia de solidaridad con los musulmanes chinos.

Michael Kozak, entonces subsecretario interino de Estados Unidos para la Democracia, los Derechos Humanos y el Trabajo, dijo a los periodistas en 2005 que las personas dentro del movimiento antiglobalización han combinado sus preocupaciones legítimas "con esta idea de que los judíos gobiernan el mundo y que la globalización es culpa de los judíos". "[86] Dijo:[86] Y las observaciones de Kozak son compartidas por muchos estudiosos de todo el mundo. El profesor Ricardo Israel, académico de la Universidad de Miami, afirmó que el ámbito progresista incluso en el ambiente tradicional projudío y proisraelí se ha vuelto cada vez más problemático, el partido demócrata tiene hoy una ultraizquierda que no sólo es pro -Palestina sino antiisraelí.

Un intelectual que siempre ha sido claro y muy comprometido con el verdadero campo progresista publicó un libro en el que expuso la enorme y profunda crisis de ideas de la izquierda." En esta crítica sin precedentes, Bernard-Henri Lévy revisita sus raíces políticas y plantea las siguientes preguntas " ¿Los derechos humanos son occidentales o universales? ¿Tiene futuro el antisemitismo y, de ser así, cómo será? ¿Y cómo es posible que los propios progresistas sean los que en los últimos siete años? Los derechos individuales y la lucha contra el fascismo se han convertido ahora en caldo de cultivo para nuevos tipos de actitudes peligrosas: un odio irreflexivo hacia Israel; un antiamericanismo obsesivo, y además escribe sobre el serio debate sobre la no discriminación y los límites de la tolerancia en la sociedad moderna; allí planteó "una idea de "tolerancia" que, en su justificación del fanatismo islámico, por ejemplo, podría convertirse en el "cementerio de las democracias"; y se pregunta si la "indiferencia, enmascarada por el relativismo, ante las mayores tragedias humanas que enfrenta el mundo hoy".

El importante papel desempeñado por los líderes árabes en la perpetuación del antisemitismo puede caracterizarse por su uso de retórica antijudía, su negación del derecho de Israel a existir y su apoyo a organizaciones terroristas que tienen como objetivo tanto a individuos judíos como al Estado de Israel. Además, la infiltración de ideas y grupos antisemitas dentro del campo progresista ha provocado divisiones entre los partidos de izquierda que representan una amenaza para la comunidad judía.

Esta idea absurda de que el pueblo judío, es decir, Israel, realmente puede controlar el mundo prevalece en todas partes, especialmente entre la extrema derecha, los islamistas radicales y, sorprendentemente, entre los militantes de izquierda, incluso entre los socialdemócratas.

Es posible creer que personalidades como Shimon Peres (ZL) lograron derrotar la ola antisemita en el campo socialdemócrata internacional. Sin embargo, ciertamente hoy en día, la centroizquierda se parece mucho a los militantes ultraantiglobalización y a los musulmanes extremistas, respecto a los judíos e Israel, y eso es complejo, triste y arriesgado porque el movimiento antiglobalización se está acercando efectivamente a los Ideólogos antisemitas y antisionistas.

Strauss sostiene que el movimiento antiglobalización no es él mismo, sino que "ayuda a permitir el antisemitismo al vender teorías de conspiración".

Walter Laqueur describe este fenómeno:[83] Aunque la ideología trotskista tradicional no está en modo alguno cercana a las enseñanzas islámicas radicales y a la sharia, dado que los islamistas radicales también suscriben el anticapitalismo, el antiglobalismo y el antiamericanismo, parecía haber Una cantidad suficiente de extrema izquierda común comenzó a marchar al lado de los islamistas radicales en manifestaciones, denunciando la agresión estadounidense y los crímenes israelíes. Y era natural que en las manifestaciones de protesta se unieran militantes de extrema derecha, se exhibieron pancartas antisemitas y se vendiera literatura antijudía como los Protocolos.

Sí, no es una alianza lógica, y es difícil entender que aquellas personas que se odian entre sí estén dispuestas a estar juntas promoviendo el antisemitismo y el antisionismo, pero ¿quién dijo que el antisemitismo era un mundo racional?

Pero no sólo los militantes trotskistas, sino también el Partido Comunista y la extrema izquierda en general se han vuelto cada vez más antisemitas; en España, el Frente Amplio (actualmente en un papel activo en la coalición gubernamental) es de hecho una organización antisemita y antisionista. y asumen cada día acciones más extremas contra Israel.

Lamentablemente, hay muchos otros ejemplos: James Corbyn es antisemita y es un amigo cercano y partidario de los grupos terroristas de Hamás. Se convirtió en líder del Partido Laborista del Reino Unido y casi ganó las elecciones en Inglaterra.

David Clark, escribiendo en The Guardian, argumenta en contra de esto que "los casos de anticapitalismo que desembocan en la intolerancia de los 'judíos ricos' están... bien documentados" pero "destacan precisamente porque entran en conflicto tan marcadamente con el universalismo de la izquierda y su oposición a discriminación étnica".[91]

Mahmoud Abbas, el actual presidente, pronunció un discurso en 2018 que generó controversia con sus comentarios sobre el Holocausto. Durante su discurso, Abbas hizo declaraciones que fueron ampliamente criticadas por elementos de negación y revisionismo del Holocausto. Los críticos argumentaron que sus comentarios buscaban restar importancia al papel del antisemitismo y echarle la culpa al propio pueblo judío. Abbas sugirió que el Holocausto no fue impulsado principalmente por el antisemitismo nazi, sino más bien por la participación judía en la banca y la usura a lo largo de la historia. Al implicar a judíos en actividades económicas, Abbas parecía estar minimizando la gravedad y la intención genocida del Holocausto, desviando la responsabilidad de los nazis y su ideología antijudía. Sumándose a la controversia, Abbas también cuestionó el número de víctimas judías del Holocausto, dando a entender que la cifra ampliamente aceptada de aproximadamente seis millones de víctimas judías era exagerada. Estas afirmaciones no sólo fueron condenadas por negar pruebas bien documentadas, sino también por perpetuar estereotipos dañinos y distorsionar hechos históricos. Abbas enfrentó una importante reacción de varias naciones, incluidos Israel, Estados Unidos y países europeos. Los académicos y organizaciones del Holocausto también denunciaron sus comentarios, enfatizando la importancia de la exactitud de los hechos y los peligros de la negación y distorsión del Holocausto. El incidente tensó las relaciones y obstaculizó los intentos de paz y reconciliación en el conflicto palestino-israelí. Tras la condena, Abbas emitió una disculpa en la que afirmó que no tenía intención de ofender al pueblo judío y reconoció la magnitud del Holocausto. Sin embargo, la controversia ya había ensombrecido su credibilidad y complicado aún más la ya delicada dinámica del conflicto. Este incidente destacó la importancia de representar con precisión los acontecimientos históricos, en particular aquellos tan devastadores como el Holocausto. La negación y la distorsión del Holocausto no sólo faltan el respeto a la memoria de millones de víctimas, sino que también obstaculizan el proceso de aprender de la historia y construir una base de comprensión y empatía. La negación o distorsión deliberada del Holocausto socava los esfuerzos por aprender de la historia y promueve el daño.

Incluso Hamás entendió que presentarse como un movimiento terrorista armado no era la manera de conseguir empatía internacional. Según esto, cambiaron su narrativa a una "lucha popular", iniciando acciones diplomáticas especialmente a través de Naciones Unidas, además de retomar la promoción de boicots, tema que se abordará más adelante en el caso del movimiento BDS.

El Gran Rabino del Reino Unido, Jonathan Sacks (Lord Sacks), expresó que la base del nuevo antisemitismo fue la Conferencia de Durban de 2001. Además, el rabino Sacks describe correctamente que el nuevo antisemitismo "une a los islamistas radicales con ONG de derechos humanos – la derecha y la izquierda – contra un enemigo común, el Estado de Israel".

'En septiembre de 2006, el Grupo Parlamentario de Todos los Partidos contra el Antisemitismo del parlamento británico publicó el Informe de la Investigación Parlamentaria de Todos los Partidos sobre el Antisemitismo, resultado de una investigación sobre si la creencia de que "la opinión predominante tanto dentro de la comunidad judía como más allá" que el antisemitismo había "reducido hasta el punto de existir sólo en los márgenes de la sociedad". era correcto. Concluyó que "las pruebas que recibimos indican que se ha producido una reversión de este progreso desde 2000". Al definir el antisemitismo, el Grupo escribió que tenía en cuenta la opinión sobre el racismo expresada en el informe MacPherson, que se publicó después del asesinato de Stephen Lawrence, de que, para investigar y registrar denuncias de delitos por parte de la policía, se debe realizar un acto. registrado por la policía como racista si así lo define su víctima. Consideró que, en términos generales, "cualquier comentario, insulto o acto cuyo propósito o efecto sea violar la dignidad de una persona judía o crear un ambiente intimidante, hostil, degradante, humillante u ofensivo para ella es antisemita" y concluyó que, dado que "es la propia comunidad judía la mejor calificada para determinar qué constituye y qué no constituye antisemitismo".

Una vez más es posible afirmar que los activistas de izquierda y los extremistas musulmanes están utilizando las críticas injustas a Israel como un "pretexto" para el antisemitismo,[63] y que el "descubrimiento más preocupante" es que el antisemitismo parece estar entrando en la corriente principal. [64] Sostiene que el antisionismo puede volverse antisemita cuando adopta una visión del sionismo como una "fuerza global de poder ilimitado y malevolencia a lo largo de la historia", una definición que "no guarda relación con la comprensión que la mayoría de los judíos tienen del concepto: es decir, un movimiento de liberación nacional judía..." Habiendo redefinido el sionismo, afirma el informe, los motivos antisemitas tradicionales del "poder conspirativo judío, la manipulación y las cuestiones subvermáticas demuestran que los judíos son sionistas".

Muchas cuestiones indican que la situación empeoró, una de ellas es: "El informe señala que esto está "en el núcleo del 'nuevo antisemitismo', sobre el que tanto se ha escrito", y añade que muchos de los que dieron pruebas llamaron antisemitismo El sionismo es "la lengua franca de los movimientos antisemitas".

El Congreso Mundial Judío en su página web de 2022 declaró: "En Gran Bretaña, hubo 2.255 incidentes antisemitas en 2021, la mayor cantidad de ataques antijudíos jamás registrados en un solo año, muchos de ellos relacionados con el conflicto palestino-israelí en curso. Al mismo tiempo, "Un deplorable discurso de odio antisemita ha hecho estragos en las redes sociales, presentando imágenes del Holocausto, mitos de conspiración y glorificación nazi".

Rufin en 2004, afirma que "el nuevo antisemitismo parece más heterogéneo", cuando habla de Francia e identifica lo que llama una forma nueva y "sutil" de antisemitismo en el "antisionismo radical" expresado por la extrema izquierda y la antiglobalización. grupos, en los que la crítica a los judíos e Israel se utiliza como pretexto para "legitimar el conflicto armado palestino".[59][60], en otras pal-

abras, el apoyo a organizaciones terroristas palestinas como Hamás.

La perspectiva internacional: las miradas sesgadas de organizaciones de derechos humanos, figuras públicas y otros

La organización internacional de Derechos Humanos se ha vuelto cada vez más intratable, pocas personas confían realmente en su trabajo. Sólo son útiles para agendas políticas. El escándalo relativo a los trabajadores de la Unrwra en 2024, que efectivamente participaron con entusiasmo en la masacre del Sábado Negro en Israel, podría verse como elpunto del iceberg. Esta cuestión es especialmente relevante y demuestra por sí sola que es casi imposible encontrar una voz realmente independiente en las organizaciones de derechos humanos.

El profesor Michal Ehrlish de la Universidad Bar Ilan formó parte de la junta directiva de una de esas organizaciones, hoy una de las más criticadas; Amnistía Internacional. Explicó que “Amnistía se fundó en 1961 a raíz de un artículo publicado en The Observer titulado “Los prisioneros olvidados”. En sus inicios, uno de los principales focos de atención de la organización fueron los “presos de conciencia”: personas que fueron encarceladas por ejercer sus derechos humanos básicos de manera no violenta y sin pedir el uso de la violencia.

El mundo cambió y surgieron nuevos desafíos; también había un tema importante sobre la mesa, como explicó el profesor Ehrlich: "producir una investigación rápida y precisa requiere muchos expertos calificados, acceso a zonas de guerra y a materiales clasificados, así como la capacidad de entrevistar a los combatientes en tiempo real". , y más." Como señala Ehrlich, "Amnistía" no poseía la mano de obra ni los recursos financieros necesarios para tales investigaciones y, hasta donde yo sé, no los tiene hoy, lo que hace que sus informes sean mucho menos profesionales.

En uno de los muchos informes similares publicados, Amnistía

Internacional declaró que Israel practica una política de apartheid contra los palestinos, tanto en Israel como en la Autoridad Palestina. El profesor Ehrlich señaló: "En mi opinión, esta es una afirmación ridícula, pero dado que se trata de una En el caso de un informe detallado elaborado por una organización prestigiosa, los gritos de antisemitismo claramente no serán de ayuda. Los lectores de todo el mundo preferirían creer en una organización que se considera confiable y neutral y no en el Ministerio de Asuntos Exteriores de Israel".

Y con razón ningún organismo serio se toma en serio el trabajo de Amnistía. El profesor Ehrlich explicó: "Los informes de Amnistía Internacional se redactan de forma anónima. No hay forma de saber quién fue el autor del informe, cuántos investigadores participaron en su elaboración, cuál es su experiencia profesional, etc. Además, al examinar las fuentes en las que se basa el presente informe, surge un panorama inquietante. El informe contiene alrededor de 1.600 notas a pie de página, la mayoría de las cuales se refieren a informes y documentos políticos anteriores de Amnistía Internacional, B'Tselem, Adalah, HaMoked, Ir Amim, Bimkom, Al-Haq y otras organizaciones israelíes de extrema izquierda, así como informes del Consejo de Derechos Humanos de la ONU y organismos internacionales similares. Cuando estas son las fuentes de la "investigación" que pretende examinar la actitud del Estado de Israel hacia su población árabe desde 1948 hasta el presente, está claro que el resultado será sesgado y unilateral. "

Específicamente comenta: "Aunque no estoy familiarizado con todos los expertos legales citados en el informe, si uno confía en personas como John Dugard, conocido por su actitud crítica hacia Israel, está claro que las opiniones de personas como él conducirán a cualquier persona razonable a conclusiones similares. Además, a pesar de que el informe pretende confirmar la teoría de que Israel, desde sus inicios, ha aspirado a discriminar a los árabes por motivos raciales, el número de fuentes relativas a los primeros cincuenta años de Israel es insignificante en comparación con las relativas a las últimas décadas". Irónicamente, "Amnistía Internacional se enorgullece del alto nivel de investigación de la organización y de su neutralidad. Este informe es un ejemplo extremo de cuán infundada es esa afirmación".

Probablemente la historia de cada uno sea diferente pero el resultado es similar, un notable sesgo contra el Estado judío. Las acciones del Consejo de Derechos Humanos de la ONU (ACNUR) han sido objeto de escrutinio, específicamente su aprobación de una investigación abierta sobre el trato de Israel a los palestinos en mayo de 2021. Los críticos argumentan que el enfoque del ACNUR únicamente en las acciones de Israel en Gaza, ignorando la Los cohetes disparados por Hamás contra civiles israelíes indican un enfoque unilateral y un prejuicio contra Israel. La atención desproporcionada prestada a Israel, al tiempo que se descuidan otras graves violaciones de derechos humanos en países como Corea del Norte y China, se considera un claro sesgo que fomenta un ambiente hostil para los judíos y contribuye aAntisemitismo.

Las acusaciones de antisemitismo y doble rasero contra Israel también se han dirigido a la ONU. Casos como el del representante palestino que alegó en 1997 que médicos israelíes inyectaron a niños palestinos el virus del SIDA perpetúan afirmaciones falsas y absurdas que alimentan el antisemitismo. Críticos como la jurista canadiense Anne Bayefsky argumentan que la ONU utiliza el lenguaje de los derechos humanos para discriminar y demonizar a los judíos, como lo demuestran las resoluciones que apuntan desproporcionadamente a Israel en comparación con otros grandes violadores de los derechos humanos.

Este trato sesgado también es evidente en la Asamblea General de la ONU, donde anualmente se adoptan numerosas resoluciones contra Israel en comparación con muy pocas dirigidas al resto del mundo combinado. Las críticas desproporcionadas a Israel refuerzan aún más los estereotipos y asociaciones negativos con los judíos, lo que contribuye a la perpetuación del antisemitismo.

Comprender el contexto histórico del trato que las Naciones Unidas dieron a Israel es crucial para comprender la cuestión del antisemitismo. La respuesta, o la falta de ella, de la comunidad internacional y el manejo de la ONU de la situación de los refugiados en 1948 enviaron un mensaje al mundo árabe de que la discriminación contra los judíos era aceptable. Mientras se producía la profanación y el desalojo de la antigua comunidad judía en Jerusalén Este y la falta de asistencia a los refugiados judíos de los países árabes, la ONU se centró principalmente en apoyar a los refugiados árabes. Este doble rasero creó un entorno en el que la persecución de los judíos era tolerada y accesible, contraria a los principios de igualdad y no discriminación.

En resumen, el seguimiento del discurso de odio antisemita en línea por parte del gobierno israelí, el enfoque sesgado del CDHNU, las acusaciones de antisemitismo dentro de la ONU, la prevalencia de dobles raseros contra Israel en foros internacionales y el contexto histórico del trato de las Naciones Unidas de Israel contribuyen todos a la conversación más amplia sobre el antisemitismo. Abordar estos factores y combatir el antisemitismo en todas sus formas es esencial para promover la inclusión, la tolerancia y el respeto por todos. Lograr un mundo libre de antisemitismo requiere esfuerzos sostenidos y un compromiso colectivo para luchar contra la discriminación en todas sus manifestaciones.

David Harris, el notable vicepresidente del Comité Judío Estadounidense (AJC), escribió el 17 de junio de 2022: "El odio a los judíos va en aumento, 10 formas de contraatacar".

"Lo que podría haber parecido inimaginable para muchos judíos estadounidenses hace apenas unos años se ha vuelto ahora demasiado frecuente. Se están reportando incidentes anti israelíes, antisionistas y antisemitas en todas partes. Aquellos que pensaban que las amenazas que enfrentaban los judíos ocurrían en otras partes del mundo, pero no aquí en casa, han despertado a nuevas realidades. La pregunta general es cómo responder. No existe una respuesta única para todos, pero hay diez formas de contraatacar.

El tema más difícil y peligroso es el BDS, en ese sentido como afirmaba el New York Times en su edición del 27th Junio de 2019, "Los opositores al BDS tienen más que mostrar por sus esfuerzos. Las legislaturas de al menos 26 estados han aprobado leyes que prohíben a las agencias gubernamentales contratar o invertir en empresas que apoyen al BDS. En Nueva York, el gobernador Andrew Cuomo firmó un acuerdo ejecutivo orden en 2016."

En mayo de 2021, el CDHNU aprobó una investigación abierta sobre el trato de Israel a los palestinos, pero no mencionó los cohetes que Hamás disparó contra civiles israelíes. "Esta Comisión no sólo se centrará en las acciones que Israel tomó en Gaza mientras buscaba defender a sus ciudadanos, sino que también tendrá un mandato carta blanca—a perpetuidad—para examinar cualquier período del conflicto palestino-israelí en busca de violaciones no sólo en Cisjordania y Gaza, sino también dentro de las fronteras de Israel anteriores a 1967. El mandato no menciona los 4.300 cohetes letales disparados por Hamás contra civiles israelíes en cuestión de días ni menciona el derecho de Israel a defenderse", escribieron los senadores.

"Este enfoque unilateral es consistente con el continuo perjuicio del CDH contra Israel y el uso desproporcionado de recursos en una campaña en curso para menospreciar, desacreditar y denunciar a Israel", explicaron los senadores. "En comparación, la investigación de las violaciones de los derechos humanos de su pueblo por parte de Corea del Norte contaba con la mitad de personal y duró sólo un año. Además, el CDHNU no aborda en absoluto las violaciones atroces de derechos humanos, como el trato a los uigures en

China", continuaron.

En este contexto, David Matas, asesor principal de B'nai B'rith Canadá, ha escrito que la ONU es un foro para el antisemitismo, citando el ejemplo del representante palestino ante la Comisión de Derechos Humanos de la ONU que afirmó en 1997 que los médicos israelíes habían inyectaron a niños palestinos el virus del SIDA.[69] . Y se suponía que debía estar hablando en serio. Otra declaración triste y a veces sorprendentemente absurda se puede encontrar en esta organización internacional: el congresista Steve Chabot dijo a la Cámara de Representantes de Estados Unidos en 2005 que la comisión tardó "varios meses en corregir en sus actas una declaración del embajador sirio de que judíos supuestamente habían matado niños no judíos a hacer pan sin levadura para la Pascua.[70] Sí, la misma atrocidad que se había cometido contra el pueblo judío en la Edad Media.

Tan importante como esta declaración absurda y antisemita es el testimonio de personas que han servido a nuestro rey en la ONU. Por ejemplo, 'Anne Bayefsky, una jurista canadiense que se dirigió a la ONU sobre el trato que da a Israel, sostiene que la ONU secuestra la lenguaje de los derechos humanos para discriminar y demonizar a los judíos. Escribe que más de una cuarta parte de las resoluciones que condenan las violaciones de derechos humanos de un Estado han estado dirigidas a Israel. "Pero nunca ha habido una sola resolución sobre la represión durante décadas de los derechos civiles y políticos de 1.300 millones de personas en China, o el millón de trabajadoras inmigrantes en Arabia Saudita mantenidas como prácticamente esclavas, o el virulento racismo que ha llevado a 600.000 personas al borde de la hambruna en Zimbabwe."[71]

En un informe de 2008 sobre antisemitismo del Departamento de Estado de los Estados Unidos al Congreso de los Estados Unidos,[72]

Los motivos para criticar a Israel en la ONU pueden surgir

de preocupaciones legítimas sobre políticas o de prejuicios ilegítimos. ... Sin embargo, independientemente de la intención, las críticas desproporcionadas a Israel como bárbaro y sin principios, y las correspondientes medidas discriminatorias adoptadas en la ONU contra Israel, tienen el efecto de hacer que las audiencias asocien atributos negativos con los judíos en general, alimentando así el antisemitismo.

La asesora legal de UN Watch, Dina Rovner, en un panel sobre dobles raseros contra Israel en la Cumbre de Medios Cristianos de 2019, declaró: "Los dobles raseros contra Israel en la ONU son omnipresentes". Asamblea general Dina 21.- Rovner explica la situación que cuesta creer y ciertamente muy difícil de entender. "Cada año, la Asamblea General adopta unas 20 resoluciones contra Israel y sólo 5 o 6 contra el resto del mundo combinado, una sobre Irán, otra sobre Siria y otra sobre Corea del Norte. La Asamblea General no adopta ninguna resolución sobre abusadores sistemáticos como Cuba, China y Arabia Saudita"

La historia del "antisemitismo normal" podría explicarse así: "En esta mezcla entraron las Naciones Unidas". Lewis sostiene que la respuesta pública internacional y el manejo de las Naciones Unidas de la situación de los refugiados en 1948 convencieron al mundo árabe de que la discriminación contra los judíos era aceptable. Los judíos se encuentran en una situación "normal" y un mensaje triste pero claro: la persecución de los judíos es tolerable y accesible en contradicción con el discurso de igualdad y no discriminación. Cuando la antigua comunidad judía de Jerusalén Oriental fue desalojada y sus monumentos profanados o destruidos, no se les ofreció ayuda. De manera similar, cuando los refugiados judíos huyeron o fueron expulsados de los países árabes, no se ofreció ayuda, pero se hicieron arreglos elaborados para los árabes que huyeron o fueron expulsados del área que se convirtió en Israel. Todos los gobiernos árabes involucrados en el conflicto anunciaron que no admitirían a israelíes de ninguna religión en sus territorios y que no darían visas a los judíos, sin importar de qué país fueran ciudadanos. Lewis sostiene que el hecho de que las Naciones Unidas no protestan envió un mensaje claro al mundo árabe.[41]

el ex El presidente del capítulo israelí de Amnistía Internacional, Dr. Michael Ehrlich, Departamento de Estudios de Medio Oriente de la Universidad Bar-Ilan, Israel, declaró con respecto a un informe: "Un informe publicado recientemente por Amnistía Internacional declaró que Israel practica una política de apartheid contra los palestinos, tanto en Israel y la Autoridad Palestina. En mi opinión, esta es una afirmación ridícula". Y añadió: "Quiero abordar el informe en sí, especialmente en el nivel metodológico".

El profesor Ehrlich afirmó: "Los informes de Amnistía Internacional se redactan de forma anónima. No hay forma de saber quién fue el autor del informe, cuántos investigadores participaron en su preparación o cuál es su experiencia profesional, por lo que Amnistía Internacional se enorgullece del alto nivel de investigación de la organización. y su neutralidad. Este informe es un ejemplo extremo de cuán infundada es esa afirmación". Explicó que "Amnistía Internacional se enorgullece del alto nivel de investigación de la organización y de su neutralidad. Este informe es un ejemplo extremo de cuán infundada es esa afirmación".

El Dr. Ehrlich también aseguró que "la organización no poseía la mano de obra ni los recursos financieros necesarios para tales investigaciones y, hasta donde yo sé, no los tiene hoy, lo que hace que sus informes sean mucho menos profesionales". Él comenta. "Además, al examinar las fuentes en las que se basa el presente informe, surge un panorama inquietante. El informe contiene alrededor de 1.600 notas a pie de página, la mayoría de las cuales se refieren a informes y documentos políticos anteriores de Amnistía Internacional, B'Tselem, Adalah, HaMoked , Ir Amim, Bimkom, Al-Haq y otras organizaciones israelíes de extrema izquierda, así como

informes del Consejo de Derechos Humanos de la ONU y organismos internacionales similares.

La prensa internacional también ha sido criticada por su parcialidad al informar sobre la cuestión palestino-israelí (Rahola, 2019). Muchos periodistas son acusados de hacer propaganda en lugar de informar, retratando a menudo los actos de autodefensa israelíes como masacres y restando importancia u ocultando a las víctimas israelíes (Rahola, 2019). Las redes sociales se han convertido en una importante plataforma para difundir el antisemitismo, siendo plataformas como Twitter y Facebook

América del Norte y el entorno cambiante de los EE.UU.

Preocupación dentro de la izquierda política Naomi Klein, escritora judía canadiense y activista del movimiento antiglobalización, expresó en 2002 su preocupación por encontrar retórica antisemita en algunos sitios web de activistas que había visitado: "No pude evitar pensar en todas las recientes He asistido a eventos en los que se condenó con razón la violencia antimusulmana, pero no se hizo ninguna mención de los ataques a sinagogas, cementerios y centros comunitarios judíos". [96] Klein instó a los activistas a enfrentar el antisemitismo como parte de su trabajo por la justicia social. . También sugirió que las acusaciones de antisemitismo a menudo pueden tener motivaciones políticas y que los activistas deberían evitar simplificaciones políticas que pudieran percibirse como antisemitas:[96]

El movimiento [anti]globalización no es antisemita, simplemente no ha afrontado plenamente las implicaciones de sumergirse en el conflicto de Oriente Medio. La mayoría de la gente de izquierda simplemente está eligiendo bando. En Medio Oriente, donde un lado está bajo ocupación y el otro tiene al ejército estadounidense detrás, la elección parece clara. Pero es posible criticar a Israel y al mismo tiempo condenar enérgicamente el aumento del antisemitismo. Y es igualmente posible ser independentista propalestino sin adoptar una dicotomía simplista propalestina/antiisraelí, un reflejo de las ecuaciones entre el bien y el mal tan queridas por el presidente George W. Bush.

Pasando de Europa a Estados Unidos, la situación del antisemitismo es desde hace mucho tiempo un problema creciente. El Informe sobre el antisemitismo global de 2004 del Departamento de Estado de EE.UU. identificó cuatro fuentes de creciente antisemitismo. La primera fuente es el prejuicio antijudío tradicional, que incluye a los ultranacionalistas y otros que afirman que la comunidad judía controla los gobiernos, los medios de comunicación, los negocios internacionales y el mundo financiero. La segunda fuente es un fuerte sentimiento antiisraelí que cruza la línea entre la crítica objetiva de las políticas israelíes y el antisemitismo. La tercera fuente son las críticas tanto a Estados Unidos como a la globalización que se extienden a Israel y a los judíos en general, que se identifican con ambos. Por último, hay un aumento del antisemitismo en los campus, que es un problema grave en muchas universidades estadounidenses.

En julio de 2006, la Comisión de Derechos Civiles de Estados Unidos publicó un informe sobre antisemitismo universitario, declarando que "la intolerancia antisemita no es menos moralmente deplorable cuando se camufla como antiisraelismo o antisionismo". La comisión también anunció que el antisemitismo es un problema grave en muchas universidades de Estados Unidos.

Lamentablemente, la situación no ha mejorado. De hecho, se ha vuelto aún más peligroso defender la causa israelí en las universidades estadounidenses. En 2019, la ONG StopAntisemitismo, junto con otras, llevó a cabo una extensa investigación para comprender la gravedad de la situación. Su informe, titulado "Los nuevos antisemitas: el mecanismo de radicalización del movimiento BDS y la campaña de deslegitimación contra Israel", destaca cómo la campaña de deslegitimación contra Israel alimenta los incidentes antisemitas.

Según el informe, los grupos involucrados en el movimiento

Boicot, Desinversión y Sanciones (BDS) aprovechan un vacío en las leyes antidiscriminatorias en Estados Unidos para declarar que su campaña no es antisemita, a pesar de que deslegitima a Israel y a los judíos. gente. El informe también expone los objetivos genocidas del movimiento BDS y enfatiza que la deslegitimación de Israel es, en realidad, antisemitismo.

En un artículo de opinión publicado en el Jerusalem Post, Adam Milstein analiza la compleja situación que enfrentan los judíos estadounidenses en este nuevo escenario. Señala que la disminución de la favorabilidad hacia Israel ha coincidido con un aumento de la violencia antisemita, particularmente en las grandes metrópolis, promovida por grupos islamo-izquierdistas. Las cifras son alarmantes: más de la mitad de los crímenes de odio en la ciudad de Nueva York en 2019 tuvieron como objetivo a judíos.

Milstein destaca además que durante el conflicto entre Israel y los palestinos en mayo de 2021, los judíos estadounidenses enfrentaron agresiones por parte de activistas antiisraelíes en ciudades como Nueva York y Los Ángeles. Señala que el nuevo antisemitismo, también conocido como antisionismo u odio a Israel, se ha extendido desde las universidades y los círculos intelectuales de izquierda a gran parte del ala progresista del Partido Demócrata. Algunos líderes electos incluso han afirmado que los judíos estadounidenses tienen una doble lealtad nacional y han pedido boicots, desinversiones y sanciones contra Israel.

Estos sentimientos han llevado a una disminución de la alianza entre los judíos estadounidenses e Israel, así como a la división y la desconexión dentro de las comunidades judías estadounidenses. Los incidentes antisemitas, incluidos los actos de violencia, están aumentando, lo que representa una amenaza importante para la seguridad y el bienestar de los judíos en Estados Unidos.

Para abordar este problema, organizaciones como StopAntisemitism y StandWithUs han tomado medidas, presentando escritos legales y abogando contra el prejuicio antiisraelí y el antisemitismo. Sin embargo, el problema persiste y requiere esfuerzos continuos para combatir y crear conciencia sobre el aumento del antisemitismo y sus peligrosas consecuencias para los judíos estadounidenses.

En general, la situación relativa al antisemitismo es una preocupación grave y constante, tanto en Estados Unidos como en todo el mundo. Se deben hacer esfuerzos para abordar esta cuestión, proteger a las comunidades judías y promover la comprensión y la tolerancia entre poblaciones diversas.

https://docs.google.com/document/d/137TXA32arSTx7jtieY-hI3POIdBjFFYaZ/edit?usp=drives-dk&ouid=115358756129637454428&rtpof=true&sd=true

La reversión de Morningstar sobre su calificación de riesgo de Israel

¡Julie Hammerman de Jeans por exponer esto!

StandWithUs acoge con satisfacción el anuncio de Morningstar de que cambiará su metodología discriminatoria para determinar sus calificaciones de riesgo para las empresas que realizan negocios en y con Israel. Morningstar fue criticado por brindar orientación sesgada y anti-israelí con respecto a las inversiones en empresas israelíes y otras firmas objetivo del odioso movimiento de Boicot, Desinversión y Sanciones (BDS).

La relación entre el BDS y el antisemitismo es estrecha y cálida... El BDS es un movimiento antisemita global que exige diversas formas de medios económicos y políticos, pero al final solo quiere un país desde el río hasta el mar con la bandera palestina.

Los críticos argumentan correctamente que el BDS es inherentemente antisemita porque apunta específicamente a Israel, lo exige a estándares más altos que otros países y busca deslegitimar y desmantelar el Estado de Israel. Afirman que BDS utiliza retórica y tácticas antisemitas, como hacer comparaciones entre Israel y la Alemania nazi o emplear acusaciones de doble lealtad contra individuos judíos.

Por otro lado, los partidarios del BDS que no son antisemitas son utilizados como instrumento de odio a los judíos. Eso es un problema.

Buenas personas se han sumado a este movimiento de buena fe pero hoy está absolutamente claro que el grito que se puede escuchar en sus actividades, "Palestina por ser libre del río al mar", es una prueba transparente sobre sus verdaderas intenciones y el verdadero objetivo: destruir y borrar a Israel. Y sí, suena muy cercano a los ayatolás iraníes: "Vamos a borrar la entidad sionista del mapa". Entonces, al final del día, BDS está muy cerca del gobierno de Irán.

En Estados Unidos, el debate en torno al BDS y el antisemitismo ha llevado a la introducción de leyes anti-BDS en algunos estados, que prohíben a las entidades gubernamentales contratar o invertir en empresas que participen en boicots contra Israel. Los partidarios de estas leyes argumentan que combaten el antisemitismo y protegen los intereses de Estados Unidos y su aliado, Israel.

Es esencial entablar un diálogo abierto y respetuoso teniendo en cuenta las perspectivas y opiniones que rodean al BDS, pero no el antisemita contaminado vinculado con él. Hay muchas conexiones entre BDS y los líderes del antisemitismo.

Fox informó que la ONG sobre la raíz antisemita del BDS, y destacó el trabajo excepcional dewww.stopantisemetismo.org[4] . El director de esta ONG, Michal Zachor, ha estado haciendo un trabajo sobresaliente al ilustrar el asombroso crecimiento del antisemitismo en Estados Unidos.

«El Movimiento anti-Israel de Boicot, Desinversión y Sanciones (BDS) pretende estar trabajando por la paz entre Israel y los palestinos, pero en realidad muchos de sus partidarios quieren destruir a Israel como Estado judío. Por esta razón, el BDS ha atraído apoyo de terroristas, asesinos convictos y antisemitas en Estados Unidos y en el extranjero".

Y está muy claro que no hay ningún tipo de búsqueda de paz en el BDS, como informó FOX. Incluso más que el discurso de odio tradicional, el BDS está vinculado con la violencia y el terror. Los funcionarios encargados de hacer cumplir la ley en Estados Unidos deberían vigi-

4. http://www.stopantisemetism.org/

lar de cerca a manifestantes como estos, sabiendo que la retórica incendiaria antisemita y antiisraelí a menudo conduce a la violencia. El Departamento de Policía de la ciudad de Nueva York y otras agencias encargadas de hacer cumplir la ley han investigado una serie de complots dirigidos específicamente a ciudadanos e instituciones judíos.

La voluntad de los jóvenes líderes de muchos grupos que apoyan al BDS, como los Negros por Palestina, de buscar apoyo en terroristas violentos expone como un fraude la afirmación del BDS de un compromiso con la no violencia.

Varios terroristas nacionales estadounidenses que ahora cumplen cadena perpetua por matar a agentes del orden han anunciado su apoyo al BDS con el objetivo de destruir a Israel.

Presos como Herman Bell, Anthony Bottom, Mumia Abu-Jamal y Clark Edward Squire –que eran miembros del Ejército de Liberación Negro–, así como David Gilbert, del Weather Underground, han publicado declaraciones pidiendo el fin del "imperialismo sionista/estadounidense". en Palestina". También han alentado el uso de cualquier medio necesario –incluida la violencia– para lograr el objetivo de "expulsar a los opresores sionistas de su tierra".

Gilbert, encarcelado por matar a dos agentes de policía y a un guardia de seguridad de Brinks en 1981, ha recibido visitas de varios defensores del Movimiento de Solidaridad Palestina, ahora conocido como Movimiento de Solidaridad Internacional. Si bien el movimiento afirma que no es violento, continúa diciendo: "nuestro enfoque no violento no significa que tengamos derecho a dictar a los palestinos cómo resistir la ocupación militar y el apartheid".

En otras palabras, no toleramos la violencia. Pero si lo usa, estamos de acuerdo. Otro de los visitantes de la prisión de Gilbert es un líder del Consejo de Paz de Siracusa, que ha abogado por la campaña del movimiento BDS para aislar a Israel económica y políticamente. "Este comité diverso de activistas brinda educación de base y genera la presión política necesaria. "Nuestro informe histórico saca a la luz evidencia poderosa de que la campaña de deslegitimación contra Israel está promoviendo el odio a los judíos y utiliza tropos, lenguaje e imágenes antisemitas clásicos", dijo. "Durante demasiado tiempo, el BDS ha podido hacerse pasar por un movimiento de justicia social en Estados Unidos, al tiempo que difunde un vil odio a los judíos e incita al odio y la violencia. Al exponer la historia, los métodos y las redes de los nuevos antisemitas, estamos empoderando al pueblo estadounidense para combatirlos eficazmente".

El informe de 120 páginas, que fue respaldado por 23 ONG judías y cristianas estadounidenses, llega pocos días después de que el presidente estadounidense Donald Trump firmara una orden ejecutiva para combatir el antisemitismo en los campus universitarios estadounidenses que aclaraba la definición de antisemitismo para abordar el creciente odio derivado de BDS.

El informe destaca aproximadamente 100 casos individuales de antisemitismo dentro de la campaña de deslegitimación más amplia contra Israel, incluidas 30 organizaciones, además de líderes y activistas.

Además, el informe "revela el proceso utilizado por la campaña de deslegitimación para radicalizar el discurso que rodea a Israel desde la crítica legítima hasta la deslegitimación y, finalmente, el antisemitismo descarado".

Liora comenta y denuncia que el Instituto Zachor ha estado diciendo, por ejemplo, que el Instituto Legal Zachor de Greendorfer presentó una carta[5] al Departamento de Justicia instando al gobierno de los EE. UU. a abrir una investigación sobre los vínculos entre los grupos terroristas palestinos y varios grupos BDS con sede en los EE. UU., incluidos American Muslims for Palestina (y su entidad afiliada, la Fundación Educativa Americans for Justice in Palestine), Dream Defenders , la Asociación de Estudiantes Musulmanes, Samidoun y Estudiantes por la Justicia en Palestina (SJP).

---

5. https://zachorlegal.org/wp-content/uploads/2018/11/Final-DOJ-Letter.pdf?189db0&189db0

Liora añade que hay mucha información sobre los vínculos del BDS con organizaciones terroristas. Además, un informe de la revista Tablet de 2018 descubierto[6] cómo la Campaña Estadounidense por los Derechos de los Palestinos (USAR), una organización que coordina los esfuerzos de 329 diferentes organizaciones pro-BDS, ayuda a facilitar donaciones exentas de impuestos "a una coalición palestina que incluye a Hamas, la Jihad Islámica Palestina, el Frente Popular para el Liberación de Palestina y otros grupos que el Departamento de Estado de Estados Unidos designa como organizaciones terroristas".

Según el informe, la USCPR es el "patrocinador fiscal" del Comité Nacional Palestino de BDS (BNC), que es un grupo con sede en Palestina que sirve como brazo palestino del movimiento BDS y ayuda a coordinar los esfuerzos internacionales de BDS. El BNC opera el sitio web Bdsmovement.net que sirve para educar y actualizar a los lectores sobre las actividades de BDS, así como también permite a los partidarios estadounidenses hacer donaciones deducibles de impuestos al grupo a través de Educación para la Paz Justa en el Medio Oriente, una organización 501(c).)3 organización benéfica vinculada a la UCPR.

Y hay quienes empezaron a actuar según la situación. Keren Kayemeth LeIsrael-Fondo Nacional Judío y las víctimas estadounidenses del terrorismo presentaron una demanda sin precedentes[7] en Washington, DC, dirigido a una organización benéfica estadounidense vinculada al movimiento BDS que supuestamente canaliza donaciones a grupos terroristas palestinos.

La demanda, Keren Kayemeth LeIsrael-Fondo Nacional Judío, et al vs. Educación para una Paz Justa en el Medio Oriente, bajo el nombre de Campaña de Estados Unidos por los Derechos de los Palestinos, busca que la UCPR—también conocida como Educación para una Paz

6. https://www.tabletmag.com/scroll/263409/bds-umbrella-group-linked-to-palestinian-terrorist-organizations

7. https://www.jns.org/jnf-and-terror-victims-file-lawsuit-against-us-charity-allegedly-funneling-donations-to-palestinian-terror-groups/

Justa en el Medio Oriente— responsable de conspirar para proporcionar ayuda financiera y otro tipo de asistencia a grupos terroristas palestinos, como Hamas, que conforman el Comité Nacional de Boicot, que lidera el movimiento BDS.

En el futuro, Greendorfer ha estado instando a los legisladores a actuar contra el BDS y sus ramas relacionadas.

"Nuestros informes y los de otros investigadores han proporcionado evidencia más que suficiente de que los legisladores estatales y federales deben actuar, como lo han hecho con tantos otros grupos minoritarios que han sido objeto de odio y discriminación, para proteger a los judíos estadounidenses de la demonización y deslegitimación. campaña promovida por BDS".

El movimiento BDS ha desempeñado un papel importante en la configuración del desacuerdo en las relaciones palestino-israelíes. Ha encendido el antisemitismo y los prejuicios contra Israel y ha actuado como plataforma para grupos terroristas y defensores de la violencia.

Si bien el movimiento ha obtenido apoyo y ha llamado la atención sobre la difícil situación de los palestinos, también ha enfrentado críticas y reacciones negativas. Los opositores argumentan que el BDS promueve la división, la hostilidad y el daño económico tanto a israelíes como a palestinos. También critican su presunto trasfondo antisemita y el impacto negativo que puede tener en las perspectivas de paz y diálogo constructivo entre las dos partes.

El complejo nexo entre BDS y antisemitismo es un tema polémico, y es importante distinguir cuidadosamente entre las críticas legítimas a las políticas y acciones israelíes y la demonización de Israel en su conjunto, que puede perpetuar actitudes y tropos antisemitas. Y el BDS es ineficaz e ilegítimo.

De cara al futuro, es fundamental fomentar un entorno que fomente el diálogo, la empatía y el entendimiento entre israelíes y palestinos. En última instancia, una solución sostenible al conflicto palestino-israelí requiere negociaciones directas, compromisos y reconocimiento mutuo de los derechos y aspiraciones de cada uno. La comunidad internacional, incluidos gobiernos, organizaciones e individuos, debe desempeñar un papel constructivo apoyando los esfuerzos por la paz y brindando asistencia humanitaria a los afectados por el conflicto. Y eso es exactamente lo contrario del odio y los boicots: el BDS promueve el antisemitismo.

La complejidad de las relaciones entre israelíes y palestinos significa que el movimiento BDS debe verse como un problema dentro de un panorama más amplio. Es esencial entablar un diálogo respetuoso y constructivo, promover el entendimiento y trabajar por un futuro de coexistencia pacífica y prosperidad tanto para israelíes como para palestinos. El intento de boicotear al Estado judío es la misma receta antisemita de odio y falta de respeto; de hecho, el BDS es una enorme barrera para el posible entendimiento entre judíos y árabes.

El movimiento BDS ha enfrentado importantes críticas de varios sectores. Los críticos argumentan que el BDS apunta y señala injustamente a Israel, mientras ignora en gran medida otros conflictos en el mundo. Afirman que este enfoque selectivo plantea dudas sobre las motivaciones y la coherencia del movimiento. Algunos también argumentan que el BDS promueve una narrativa unilateral que demoniza y deslegitima a Israel, contribuyendo a una atmósfera de hostilidad y potencialmente alimentando el antisemitismo. Se han expresado preocupaciones sobre el hecho de que los partidarios del BDS se involucren en retórica antisemita o se asocien con grupos extremistas, lo que genera preocupaciones sobre el impacto del movimiento en la cohesión social y los esfuerzos de paz.

Los detractores advierten que el BDS puede, en última instancia, socavar las perspectivas de una resolución pacífica del conflicto palestino-israelí. Sostienen que el conflicto es complejo y multifacético y requiere un enfoque constructivo e inclusivo que involucre a todas las partes interesadas. Los críticos argumentan que boicotear productos e instituciones israelíes también puede dañar inadvertidamente a los palestinos empleados en empresas israelíes o obstaculizar oportunidades de cooperación económica que podrían beneficiar tanto a israelíes como a palestinos.

En respuesta a los desafíos planteados por el BDS, el gobierno israelí ha implementado varias medidas, incluidas legislaciones para contrarrestar las actividades de boicot e iniciativas destinadas a mostrar los avances tecnológicos, los logros culturales y las colaboraciones académicas de Israel. Estos esfuerzos buscan presentar una visión más integral y matizada de la sociedad israelí y sus contribuciones en el escenario global, contrarrestando la narrativa propagada por el BDS.

De hecho, las características democráticas de la sociedad israelí son notables. Se expresan diferentes perspectivas. Existe una amplia gama de medios de comunicación nacionales e internacionales que operan en el país.

La naturaleza democrática de Israel también se refleja en su compromiso de proteger los derechos de las comunidades minoritarias. Los ciudadanos árabe-israelíes, que representan alrededor del 20% de la población, tienen derecho a votar, ocupar cargos públicos y practicar libremente su religión. Sin embargo, existen debates y preocupaciones en curso sobre la inclusión social, económica y política de los árabes israelíes y otros grupos minoritarios, incluido el reconocimiento de sus derechos culturales.

Sin embargo, es importante que también existan debates sobre los derechos civiles y el pluralismo religioso dentro de la sociedad israelí. Cuestiones como el papel de la religión en la esfera pública, incluida la relación entre Estado y religión y los derechos de los movimientos judíos no ortodoxos y otras comunidades religiosas, son temas de debates y tensiones constantes.

Antes de los acuerdos de Abraham, después de una emisión de televisión de Abu Dhabi en noviembre de 2001 que mostraba a Ariel Sharon bebiendo la sangre de niños palestinos, el gobierno israelí estableció un "Foro de Coordinación para la lucha contra el antisemitismo", dirigido por el rabino Michael Melchior, según declaró el Ministerio israelí. de Asuntos de la Diáspora. Melchor argumentó que el odio al Estado de Israel es el disfraz actual del antisemitismo, y que el odio contra Israel ha cruzado la línea de la crítica al veneno antisemita desenfrenado, haciéndose eco del antisemitismo clásico. Esta cuestión es imposible hoy. Los acuerdos de paz con Emiratos Árabes Unidos y Sudán. Omán y Bahréin están presionando para lograr un entendimiento.

Los Emiratos Árabes Unidos han estado borrando rápida y sistemáticamente los contenidos antisemitas de sus programas educativos. Los Acuerdos de Abraham, firmados en septiembre de 2020, marcan un avance significativo en la diplomacia regional entre los Emiratos Árabes Unidos (EAU), Bahréin e Israel. El acuerdo busca normalizar las relaciones diplomáticas, promover la cooperación económica y mejorar los intercambios entre pueblos entre los países firmantes.

Los Acuerdos representan un cambio histórico en Medio Oriente, ya que fueron la primera normalización pública de las relaciones entre Israel y los Estados árabes en más de dos décadas. Este avance tiene el potencial de remodelar la dinámica regional y contribuir a la estabilidad y la prosperidad en la región.

Uno de los principales objetivos de los Acuerdos de Abraham es fomentar los vínculos diplomáticos, económicos y culturales entre Israel y sus nuevos socios en el Golfo, principalmente los Emiratos Árabes Unidos. El acuerdo ha abierto vías de colaboración en áreas como comercio, turismo, tecnología, atención médica, agricultura y seguridad.

Además, los Acuerdos han llevado al establecimiento de vuelos directos, viajes sin visa y la apertura de embajadas y consulados, lo que ha permitido mayores intercambios entre pueblos. Estos acontecimientos tienen el potencial de promover el entendimiento, el diálogo y la cooperación entre los pueblos israelí e emiratí.

Los Acuerdos de Abraham han sido ampliamente elogiados internacionalmente como un paso positivo hacia la paz y la estabilidad en

Medio Oriente. También han alentado a otras naciones árabes a considerar la normalización de las relaciones con Israel.

A pesar de algunas críticas y preocupaciones de diversas fuentes, los Acuerdos de Abraham siguen siendo un hito importante y ofrecen perspectivas para una mayor cooperación y entendimiento regionales en una parte del mundo históricamente tensa.

El proceso de borrar el contenido antisemita de los programas educativos, como se mencionó anteriormente, es un paso importante dado por los Emiratos Árabes Unidos para promover la tolerancia y la inclusión. Al eliminar sistemáticamente dicho contenido, los EAU pretenden combatir los prejuicios y crear un entorno de mayor aceptación para todos sus ciudadanos.

Los esfuerzos para abordar el antisemitismo en los materiales educativos implican revisar y revisar los libros de texto, los planes de estudio y los materiales didácticos para eliminar cualquier contenido discriminatorio u odioso. Este proceso garantiza que los estudiantes no estén expuestos a ideas antisemitas que perpetúen los estereotipos o promuevan la intolerancia.

A través de este enfoque proactivo, los EAU están enviando un mensaje claro de que la discriminación basada en la religión o el origen étnico no es aceptable dentro de su sistema educativo. Esto se alinea con la visión más amplia del país de promover la tolerancia y la coexistencia religiosa.

Al borrar el contenido antisemita, los EAU se esfuerzan por fomentar un entorno educativo que promueva el respeto mutuo, la comprensión y la aceptación entre todos sus estudiantes, independientemente de su origen religioso o étnico.

Posible acuerdo de paz entre Saudi Arabia e Israel. Hasta el momento, no existen relaciones diplomáticas oficiales ni acuerdo de paz entre Israel y Arabia Saudita. Sin embargo, ha habido informes e indicios de una creciente cooperación entre bastidores y de un fortalecimiento de los lazos entre los dos países.

En los últimos años, ha habido reconocimientos públicos por parte de funcionarios saudíes del derecho de Israel a existir y expresiones de voluntad de participar en conversaciones de paz. Además, ha habido informes de reuniones e intercambios secretos entre funcionarios saudíes e israelíes, principalmente sobre la preocupación compartida de contrarrestar la influencia de Irán en la región.

Si bien ha habido acontecimientos positivos, incluidos los acuerdos de normalización entre Israel y algunas naciones árabes a través de los Acuerdos de Abraham, el establecimiento de relaciones diplomáticas formales entre Israel y Arabia Saudita sigue siendo incierto. El conflicto palestino-israelí y otras dinámicas regionales siguen siendo consideraciones importantes en cualquier progreso potencial hacia un acuerdo de paz formal entre los dos países.

Es importante seguir de cerca las declaraciones y acontecimientos oficiales para obtener información precisa sobre cualquier avance en la relación entre Israel y Arabia Saudita, ya que esto podría tener implicaciones significativas para la estabilidad regional y los esfuerzos de paz.

En los últimos años, el gobierno israelí ha estado monitoreando y rastreando activamente el discurso de odio antisemita en línea. El Ministerio de Asuntos de la Diáspora implementó el Sistema de Monitoreo Cibernético del Antisemitismo (ACMS), un sistema de monitoreo automatizado que emplea inteligencia artificial y tecnologías de análisis semántico. ACMS recopila, clasifica y geolocaliza instancias de discurso antisemita en varias plataformas de redes sociales, incluidas Twitter, 4Chan, BitChute, Gab, Minds, Stormfront y 8Kun. Los datos recopilados por ACMS revelan un aumento significativo en la aparición de episodios antisemitas.

Figuras públicas y académicos estadounidenses:

La controversia en torno a las recientes acciones de Kyrie Irving ha provocado una importante protesta pública. La controversia en torno a Kyrie Irving comenzó cuando publicó una película con contenido antisemita profundamente inquietante. Inicialmente, había esperanzas de que la situación pudiera abordarse mediante la educación y un compromiso conjunto para erradicar el odio y la intolerancia. Sin embargo, esa esperanza se hizo añicos cuando Irving, durante una sesión de prensa, se negó a repudiar inequívocamente cualquier creencia antisemita o reconocer el material de odio específico de la película. En respuesta, los Brooklyn Nets, el propio Irving y la Liga Antidifamación (ADL) emitieron un comunicado conjunto expresando su decepción y afirmando que Irving actualmente no es apto para asociarse con el equipo. Además, tanto Irving como los Nets han prometido donaciones sustanciales para causas que combaten el odio y la intolerancia. Esta situación ha provocado debates más amplios sobre la responsabilidad de las figuras públicas a la hora de promover la inclusión y denunciar el odio.

Esta negativa a denunciar el antisemitismo cuando se les brinda una oportunidad clara para hacerlo es profundamente preocupante. No es la primera vez que Irving ha tenido la oportunidad de aclarar su postura sobre este asunto pero no ha conseguido hacerlo.

Como resultado, los Brooklyn Nets, en una declaración conjunta con Irving y la Liga Antidifamación, expresaron su decepción y anunciaron que Irving actualmente no es apto para asociarse con el equipo. Esta decisión se produce horas después de que Irving no se disculpara por compartir el vínculo con el trabajo antisemita.

Además, como muestra de contrición y compromiso para combatir el odio y la intolerancia, tanto Kyrie Irving como los Brooklyn Nets se han comprometido a donar 500.000 dólares cada uno a causas y organizaciones que trabajan para erradicar el odio y la intolerancia en sus comunidades.

El comunicado conjunto de los Brooklyn Nets, Kyrie Irving y la Liga Antidifamación destaca la gravedad de la situación. Enfatiza la decepción por el hecho de que Irving no haya rechazado el antisemitismo y reconoce su actual incapacidad para asociarse con el equipo. El compromiso de Irving y los Nets de donar 500.000 dólares cada uno a organizaciones que luchan contra el odio y la intolerancia refleja su deseo de abordar y rectificar activamente este problema.

A raíz de estos eventos, Irving decidió no hablar durante una sesión de prensa el martes, presumiblemente debido a las consecuencias de su publicación en las redes sociales. La situación ha provocado un debate generalizado y suscita importantes debates sobre la responsabilidad de las figuras públicas y los deportistas a la hora de denunciar la intolerancia y promover la inclusión.

Esta controversia sirve como recordatorio del importante papel que desempeñan las figuras públicas, en particular los atletas, en la formación de la opinión pública y la promoción de mensajes de unidad y aceptación. Plantea interrogantes más amplios sobre la rendición de cuentas y el poder de las personas influyentes para impulsar cambios positivos, así como la responsabilidad que tienen de abordar ideologías dañinas siempre que surjan.

Las discusiones en curso resultantes de este incidente resaltan la necesidad de educación, diálogo y acción continuos para combatir los prejuicios y fomentar una sociedad más inclusiva. Sirve como un llamado a abordar el odio en todas sus formas y subraya la importancia de promover la comprensión y el respeto entre comunidades diversas.

En conclusión, la controversia en torno a las acciones de Kyrie Irving ha provocado una preocupación generalizada debido a que no denunció inequívocamente el antisemitismo cuando se le dio la oportunidad. La declaración conjunta de los Brooklyn Nets, Irving y la Liga Antidifamación refuerza su actual incapacidad para asociarse con el equipo. Al prometer importantes donaciones para combatir el odio y la intolerancia, tanto Irving como los Nets pretenden abordar el problema y contribuir a un futuro más inclusivo. Esta controversia resalta la responsabilidad de las figuras públicas al promover activamente la inclusión y denunciar ideologías dañinas, generando importantes debates sobre la rendición de cuentas y el poder de las personas influyentes para impulsar cambios positivos.

Libertad académica

Cary Nelson, un destacado profesor emérito de la Universidad de Illinois en Urbana-Champaign, adopta una postura firme opuesta a los boicots académicos, incluido el movimiento BDS. Nelson cree firmemente que los boicots socavan los principios fundamentales de la libertad académica y obstaculizan el intercambio de ideas y la colaboración entre académicos. Defiende apasionadamente la importancia de la libertad académica y sostiene que los boicots sólo sirven para obstaculizar el progreso académico.

Jonathan S. Tobin, editor en jefe de Jewish News Syndicate, ha explorado ampliamente el impacto negativo del movimiento BDS en la libertad académica y el discurso intelectual. Tobin sostiene que los boicots son contraproducentes e impiden el entendimiento y el diálogo. Defiende apasionadamente la idea de que las universidades deberían ofrecer espacios para la investigación abierta y el intercambio de diversos puntos de vista, fomentando así el crecimiento y el progreso intelectual.

Deslegitimación

Kenneth Stern, abogado y ex director del Comité Judío Estadounidense, examina críticamente los métodos y objetivos del movimiento BDS. Stern sostiene que el movimiento busca deslegitimar al Estado de Israel en lugar de promover la paz y el diálogo constructivo. Sostiene que el movimiento BDS pasa por alto las complejidades históricas y geopolíticas del conflicto palestino-israelí, lo que obstaculiza los esfuerzos por lograr una resolución.

Colectivamente, estos políticos latinoamericanos y académicos estadounidenses expresan su oposición al movimiento BDS. Abogan por el diálogo, la cooperación económica y el compromiso con Israel, reconociendo el potencial para un cambio positivo a través de estos medios. Si bien es importante señalar que los puntos de vista pueden variar dentro de América Latina y entre los académicos, estos individuos resaltan colectivamente la eficacia del diálogo, el compromiso y la libertad académica para lograr cambios y abordar cuestiones complejas.

Los boicots contra los judíos se han utilizado históricamente para disipar el malestar social y desviar las protestas antigubernamentales centrando la culpa en los judíos. Desde finales del siglo XIX en adelante, "No compréis a judíos", "Comprad sólo a cristianos" y "Cada uno para lo suyo" fueron lemas comúnmente escuchados en Europa, mientras los boicots organizados apuntaban a los judíos como chivos expiatorios del aumento del desempleo y la pobreza. . Los organizadores del boicot justifican sus acciones antijudías como una táctica defensiva o como represalia por presuntas irregularidades cometidas por judíos.

América del Sur y las contradicciones de Chile

En América Latina, la agenda antisemita está creciendo.Los países latinoamericanos han tenido el mismo proceso triste y amenazante; Los movimientos antisemitas son cada vez más activos. Una vez más, en la misma situación, los sionistas son iguales a los judíos.Lamentablemente, la confusión, la falta de información, las antiguas ideas antisemitas, y en general el antisionismo latente y los nuevos movimientos antisemitas, han ido calando en organizaciones y partidos políticos de la izquierda moderada. Y así, los movimientos de izquierda se están sumando al Islam extremo y al movimiento antiglobalización, entre muchos otros, para realizar manifestaciones contra el Estado judío.

No hay duda de la presencia cada vez más riesgosa del Estado terrorista de Irán en los países latinoamericanos, no sólo en Venezuela sino también en Paraguay, Chile y Argentina. Debemos recordar que cuando los iraníes tienen la oportunidad, pueden realizar ataques horribles contra el pueblo judío. Sólo en Buenos Aires volaron la embajada de Israel. Luego en el peor atentado terrorista fuera de Israel, matan a más de 80 personas en la voladura de la AMIA.

Es importante recordar que Argentina es una de las comunidades judías más grandes de la región y uno de los movimientos más organizados de América Latina. No sólo por los nazis ocultos, por la simpatía de la Persona por Hitler, por el ataque terrorista contra la embajada de Israel, o el ataque terrorista más significativo contra los judíos desde la Shoa, sino también por todas aquellas cuestiones que habían sido fuente de problemas. y desafíos para los judíos e Israel.

De hecho, algunas voces afirman firmemente que los partidos de izquierda en América del Sur expresan una posición antiisraelí, nacida de una fusión única de marxismo y nazismo (Amnon Lord). La izquierda ideológica radical tiene sus raíces en los movimientos fascistas de los años cincuenta. En una controvertida afirmación de que la izquierda ha sido firmemente rechazada para siempre, algunos autores creen que "tanto los comunistas como los neonazis tenían un vivo deseo de destruir el sistema capitalista en Argentina y desmantelar sus instituciones democráticas para obtener el poder". De hecho, hay un informe especial estadounidense escrito cuando comenzaron los violentos ataques contra judíos en Argentina después del ahorcamiento del fugitivo nazi Adolf Eichmann en Israel. El movimiento fascista en Argentina fue formado por líderes nazis como Eichmann, quien se convirtió en una figura destacada de Tacuara.

Los movimientos fascistas se volvieron cada vez más antisemitas y comprometidos por muchas razones diferentes. Aún así, es indiscutible que el asunto Eichmann ayudó a los calentadores judíos a aumentar su influencia. Afirmaron ser "los enemigos del judaísmo", argumentando que "en Argentina, los judíos son los sirvientes del imperialismo israelí que violaron nuestra soberanía cuando secuestraron a Eichmann". Irónicamente, todo eso ocurrió muchas veces antes de que el sentimiento antiisraelí se convirtiera en parte de la agenda de la izquierda radical.

La relación fascista con la izquierda y con algunos movimientos fuertemente antisemitas en todo el mundo aumentó en la década de 1960, y Tacuara creó un vínculo entre su visión radical del mundo y el Tercer Mundo. En particular, conectaron al peronismo con el mundo árabe y gritaron consignas como aficionados en un partido de fútbol: "Nasser, Perón y la tercera posición". En 1962, el fundador de la Organización de Liberación de Palestina, Ahmad Shukeiri, quien se desempeñó como embajador saudí ante las Naciones Unidas, declaró en la Asamblea General que saludaba al movimiento. Incluso presentó un proyecto de resolución que lo respaldara. Un año antes, tras haber visto el potencial en el frente propagandístico, fue el primero en acusar a Israel de imponer un sistema de apartheid a los árabes israelíes.

Gabriel Colodro y Hernán López escribieron en el medio chileno El Mostrador, "no es casualidad que las leyes que se han aprobado contra esta segregación antisemita en movimiento en países como Francia, Canadá, España, Estados Unidos y Suiza, entre otros, hayan legislación explícita que impida el establecimiento de un boicot al Estado judío, Chile y otros están lejos de eso y probablemente y tristemente cerca del antisemitismo moderno como el BDS, expresión sin duda antisemita.

Una vez más, el BDS no sólo está lejos de contribuir de alguna manera a mejorar la comunicación, sino que su discurso permanente que singulariza a Israel como el único problema en la región sólo borra buenas prácticas e iniciativas de paz.

Para el régimen iraní, cualquiera que se oponga a sus actividades criminales es inmediatamente catalogado como "sionista", y lo utilizan como un insulto; Es difícil encontrar un mejor ejemplo de antisemitismo.

Gerardo Gorodisher, presidente de la comunidad chilena que trabaja desde hace mucho tiempo en la causa israelí y judía, tiene una visión más optimista respecto a Latam: "podría ser mejor, no es probable, pero la situación podría cambiar".

Se trata de un nexo especial entre el nazismo, la ideología revolucionaria de izquierda y el tercermundismo, particularmente en Egipto, Argelia y entre los palestinos.

Lo importante es que este movimiento fue el que introdujo el concepto de guerra de guerrillas urbana, ya en los años cincuenta. La combinación de ideología y terrorismo influyó, a través de Cuba, Nicaragua, Venezuela y otros canales, en los revolucionarios radicales de izquierda en Estados Unidos. La derecha radical y la izquierda radical encontraron un terreno común a través del anticapitalismo, el antiimperialismo y el antisionismo. Al igual que el presidente Boric en Chile y el recién elegido presidente de Perú, Pedro Castillo, Estados Unidos podría ver un presidente de izquierda radical.

El comportamiento hipócrita latinoamericano es sorprendente. Criticar a Israel además de negar apoyo al Estado judío es un comportamiento esperado a diario, pero abordar las verdaderas violaciones de derechos humanos en la región no está en la agenda. Algunos ejemplos que se pueden mencionar son:

1. Violaciones de derechos humanos: Países como Cuba y Venezuela han sido acusados de abusos sistemáticos de derechos humanos, incluidas restricciones a la libertad de expresión, reunión y asociación. Las organizaciones internacionales de derechos humanos han criticado a estos gobiernos por detener y acosar a disidentes políticos, periodistas y activistas de derechos humanos.

2. Falta de gobernanza democrática: Los críticos argumentan que algunos países latinoamericanos carecen de una gobernanza democrática y transparente. Algunos de ellos están gobernados por los mismos líderes o partidos durante un largo período. Cuba, por ejemplo, ha sido acusada de apoyar y promover regímenes autoritarios en otros países. Se ha acusado al gobierno cubano de brindar asistencia militar y de inteligencia a regímenes como Venezuela y Nicaragua.

3. Control y censura de los medios: Algunos gobiernos controlan fuertemente los medios de comunicación, limitando la libertad de prensa y el acceso a la información. El periodismo independiente está fuertemente restringido y el gobierno censura y bloquea activamente sitios web y plataformas de redes sociales críticos.

4. Falta de libertad económica: La economía controlada por el Estado ha sido criticada, limitando las libertades económicas individuales e inhibiendo el espíritu empresarial, argumentando que la planificación

central y las restricciones a la propiedad privada han obstaculizado el desarrollo económico y conducido a una pobreza generalizada.

Chile

Entre las colonias palestinas más grandes del mundo se encuentra la comunidad de Chile. Los palestinos llegaron a Chile mucho antes del establecimiento del Estado judío. Después de la Primera Guerra Mundial se produjo una importante migración de palestinos, que escaparon del alistamiento musulmán otomano. Eran palestinos descendientes de árabes católicos, que vivían principalmente en Belén, representando actualmente aproximadamente el 70% de la población de la ciudad, menos del 10%- (Ben-Tasgal, 2019).

- Discutir la creciente influencia del movimiento BDS en las universidades chilenas.

- Destacar la participación activa de las organizaciones estudiantiles y miembros del profesorado en la promoción de iniciativas BDS.

Afirman que en Chile hay al menos 500.000 descendientes de palestinos. Otras fuentes, como el profesor de la Universidad Bar Ilan, Michael Ehrlich, sugieren que la cifra es un pequeño porcentaje de la cifra afirmada y explican que la cifra que los palestinos han estado comunicando con tanta energía entusiasta es imposible. Los datos obtenidos de Chile y Palestina sugieren que solo hubo una ola de inmigración significativa de Palestina a Chile, desde finales del siglo XIX hasta la Primera Guerra Mundial. A diferencia de los reclamos que fueron expulsados después de la creación del Estado de Israel, la verdad es que " Esta inmigración fue posible gracias a condiciones globales favorables, como un transporte disponible y confiable, en lugar de ser provocada por las dificultades excepcionales que supuestamente ocurrieron durante esos años. "

Entonces la comunidad palestina chilena, que comparte con los palestinos que permanecen en Gaza y/o en Judea y Samaria, al menos cierta animadversión, y en algunos casos un fuerte disgusto, e incluso eventualmente su apariencia, se puede afirmar que no son precisamente

Les encanta compartir su vida con los judíos, y ciertamente cuando esos judíos son abrumadoramente sionistas y aman el estado judío.

Es probable que las cifras hayan sido utilizadas con fines políticos, y es posible que el número real de miembros de la comunidad palestina chilena se acerque más a la investigación del profesor Ehrlich. Para cualquier observador imparcial, no es difícil suponer que las cifras reales La influencia y el significado de medio millón es absolutamente diferente de 50.000.

Lamentablemente, hay otras cuestiones que comparten tanto los palestinos chilenos como las autoridades palestinas, y más allá de la música, la fantástica comida; desafortunadamente, ambos están comprometidos, al menos formalmente, con la vieja idea de boicotear a los judíos, en este caso, al judío del mundo, el Estado judío de Israel.

Como ya comentamos, incluso antes de los nazis y mucho antes de la Kristallnacht, los árabes promovieron y establecieron un boicot a todas las tiendas judías, y sí, hoy, con el BDS, intentan nuevamente implementar esta horrible y transparente política antisemita.

Está tan claro que es una medida antisemita que han fracasado una y otra vez. Sin embargo, es triste que aquellos que son descendientes de los palestinos que escaparon de los turcos hayan sido elegidos para mantener las tradiciones herméticas en lugar de muchas otras constructivas y positivas.

En cuanto a la población, los datos distan mucho de las cifras oficiales que suele utilizar la comunidad palestina y que mucha gente ha creído erróneamente.

El profesor Ehrlich afirmó: "Agar y Saffie ya han demostrado que el número de palestinos en Chile es mucho menor que los 350.000 sugeridos por Baeza, sin mencionar los 500.000 indicados por fuentes menos creíbles. Sin embargo, Agar y Saffie trataron con descendientes, lo cual es es simplemente un término técnico que indica a alguien que tiene al menos un bisabuelo árabe". La conclusión es una sorpresa. "Por tanto, el número de quienes se consideran chilenos de origen palestino es inferior a 50.000"

Los esfuerzos de esta comunidad han sido no concentrar y enfocar su enorme poder y recursos para abastecer a sus hermanos y hermanas en dolor y peligro; no, por el importante objetivo de que la comunidad palestina chilena ha estado atacando a Israel e intentando sabotear la cooperación y los vínculos entre el Estado judío y Chile.

Como afirmó el profesor Michael Ehrlish de la Universidad Bar Ilan, la cifra puede y debe discutirse, porque está más cerca de la influencia y el poder de la diáspora palestina, especialmente en Chile*, donde parecen haber alcanzado una posición privilegiada de influencia.

Lamentablemente, el antisemitismo, el prejuicio y la discriminación contra los judíos, ha llegado a varias sociedades del mundo, incluido Chile. Las complejidades del antisemitismo en Chile, particularmente en relación con el partido comunista chileno antiisraelí, la comunidad chilena palestina y el contexto más amplio de afiliaciones religiosas y políticas parecen un elemento importante a observar.

La postura antiisraelí del Partido Comunista de Chile no necesariamente equivale a antisemitismo. Si bien su oposición a las políticas israelíes puede considerarse controvertida, es crucial diferenciar entre la crítica de las acciones de un Estado y el prejuicio contra todo un grupo religioso o étnico. El compromiso del partido con los derechos LGBTQ+ y el feminismo demuestra aún más que su agenda va más allá de apuntar únicamente a personas judías.

El antisemitismo en Chile, como en cualquier sociedad, es un tema multifacético que no puede reducirse a un solo partido político o comunidad. Es crucial reconocer que el antisemitismo puede existir dentro de cualquier grupo político o religioso y no se limita a una ideología o afiliación específica.

El antisemitismo en Chile es un tema complejo que requiere un análisis y comprensión cuidadosos. Si bien el alineamiento del antiisraelí Partido Comunista Chileno con grupos islámicos extremistas genera preocupación, es crucial diferenciar entre las críticas a las políticas israelíes y los prejuicios contra los individuos judíos. De manera similar, la comunidad palestina chilena no debería ser asociada automáticamente con el antisemitismo, ya que es predominantemente cristiana y moderada.

Para combatir el antisemitismo de manera eficaz, es necesario abordarlo en todos los sectores de la sociedad, promoviendo la educación, el diálogo y fomentando una cultura de tolerancia y respeto. Al desafiar conceptos erróneos y participar en debates abiertos, Chile puede trabajar hacia una sociedad más inclusiva y armoniosa para todos sus ciudadanos, independientemente de su origen religioso o étnico.

El mundo en general ha experimentado un aumento preocupante de incidentes antisemitas en los últimos años. De particular preocupación en el caso chileno es el papel especial desempeñado por la comunidad chilena palestina organizada, el Partido Comunista, el frente Emilio y muchos parlamentarios irresponsables que han estado actuando con falta de responsabilidad exacerbando este odio y discriminación contra los judíos. La interacción entre las comunidades palestina y judía en Chile ha generado un ambiente tóxico de hostilidad hacia los judíos, lo que también ha contribuido a la creciente ola de antisemitismo en ellos. Comprender la dinámica entre estas comunidades y los factores específicos que perpetúan el antisemitismo en Chile es crucial para desarrollar estrategias efectivas para contrarrestar esta alarmante tendencia.

El antisemitismo sigue siendo una amenaza grave y genuina que afecta a las comunidades judías de todo el mundo. La naturaleza inmutable de este prejuicio, combinada con la influencia de los líderes árabes y su infiltración dentro de los movimientos progresistas, plantea un riesgo significativo para los judíos y su bienestar. El caso de Chile subraya la importancia de examinar el papel desempeñado por comunidades específicas en la perpetuación del antisemitismo y subraya la necesidad de intervenciones específicas. Es imperativo que la sociedad enfrente y aborde esta forma duradera de odio para garantizar la seguridad y el bienestar del pueblo judío y preservar los principios de tolerancia e inclusión sobre los que se basan nuestras sociedades.

Chile ha experimentado un preocupante aumento del antisemitismo, particularmente debido a las acciones de la comunidad palestina organizada dentro del país. Esta sección profundizará en el papel específico de la comunidad palestina en Chile a la hora de alimentar el odio y la discriminación contra los judíos, centrándose en las interacciones y los resultados que han perpetuado este creciente problema.

Chile es un peligroso ejemplo de cómo se han borrado los límites tradicionales

Algunos parlamentarios, principalmente del Partido Comunista y del Frente Amplio, han sido acusados de exacerbar irresponsablemente el antisemitismo en Chile a través de sus acciones y retórica. Si bien es esencial señalar que no todos los miembros de estos partidos participan en la promoción del antisemitismo, ciertos individuos dentro de estos grupos políticos han enfrentado críticas por sus acciones.

Un ejemplo es el caso de Camila Vallejo, destacada miembro del Partido Comunista y exlíder estudiantil. Vallejo enfrenta reacciones violentas cuando participó en una manifestación en 2014 donde los sentimientos anti israelíes se convirtieron en expresiones antisemitas, incluida la quema de banderas israelíes. Los críticos argumentan que la presencia de Vallejo en la manifestación y el hecho de no condenar tales actos efectivamente permitieron la normalización del antisemitismo.

Otro ejemplo es Gabriel Boric, miembro de la coalición Frente Amplio y candidato presidencial. Boric ha sido criticado por su posición sobre asuntos internacionales relacionados con Israel y Palestina, y ha surgido preocupación por su enfoque hacia el conflicto palestino-israelí. Los críticos argumentan que las declaraciones y posiciones políticas de Boric han contribuido a un clima de hostilidad hacia los judíos, aunque sea sin querer.

En lo que respecta a los líderes palestinos chilenos, algunos han sido acusados de utilizar una retórica incendiaria que perpetúa los sentimientos antisemitas. Si bien es importante distinguir entre críticas a las políticas israelíes y expresiones de odio hacia los judíos, ha habido casos en los que personas de la comunidad palestina han cruzado esta línea.

De ninguna manera esto implica que la totalidad de la comunidad palestina chilena, el Partido Comunista o el Frente Amplio promuevan el antisemitismo. Es crucial reconocer que las acciones y declaraciones de unos pocos individuos no representan a toda la comunidad ni a las organizaciones políticas. Sin embargo, es necesario abordar y criticar estos casos para contrarrestar el daño potencial que pueden causar a la cohesión social y las relaciones interreligiosas.

En general, es crucial que los políticos, independientemente de sus afiliaciones, sean cautelosos y responsables con sus palabras y acciones. Fomentar el diálogo, la comprensión y el respeto entre comunidades diversas puede fomentar un entorno que rechace el odio y la discriminación, ayudando a combatir

Muchas cuestiones diferentes podrían explicar la atención desproporcionada de los políticos chilenos al conflicto palestino-israelí.

Un dato especial que podría ayudar a entender este insólito asunto es que entre 2014 y 2017 se presentaron en el parlamento chileno 12 proyectos condenados o solicitados para impedir que Israel intentara defenderse. Esos 12 son más que todos los proyectos de convenio presentados en una relación sobre cualquier tema internacional. Vanesa Hites, en su trabajo sobre el Antisemitismo y el caso Valdivia, los resumió correctamente todos

Posiblemente sea justo preguntar si el parlamento chileno por qué sólo pregunta por un solo país, el único país judío, pero en realidad no les preocupa la violación de los derechos humanos en la dictadura de Cuba, el ataque al presidente sirio con armas químicas. contra su pueblo, o la violación de los derechos humanos contra los gays y lesbianas en Irán, en la Autoridad Palestina o el matrimonio obligado de niñas de 5 años en Afganistán o Irak??? Aún tristemente, un enorme porcentaje del llamado campo progresista votó en contra de condenar la dictadura de Venezuela, y eso es aún más difícil de entender cuando se sabe que Venezuela recibió con los brazos abiertos a los perseguidos líderes de izquierda chilenos cuando Pinochet tomó el poder en 1973 se instaló de facto una larga dictadura, que sólo fue posible destituir del poder el 5 de octubre en referéndum de 1988.

Especialmente con países latinoamericanos como Venezuela, Nicaragua y Cuba que han sido acusados de esclavitud médica. El doble rasero es sorprendente.

Es curioso y desafiante comprender que no existe otro tema que pueda unir a políticos de ultraderecha como el actual senador Iván Moreira, del partido de extrema derecha Unión Democrática Independiente, y el ultraizquierdista Alejandro Navarro o la parlamentaria comunista Karol Cariola con los representantes de ultraderecha Sergio Gahona e Iván Moreira.

Gabriel Sillbrer, director de la comunidad chilena, no es tan optimista. Recuerda que el militante palestino ya intenta instaurar en el gobierno local algún tipo de BDS, específicamente señaló que la historia de Valdivia demuestra que el extremista palestino no tiene límites en su odio, e intenta menoscabar la calidad de vida del ciudadano que sus representantes si esto puede dañar la relación chile/israelí.

La posición real de la Comunidad Palestina Chilena se puede encontrar en la declaración del ex presidente judío de la Comunidad Judía, Shai Agosin: "La Federación Palestina hoy en Chile tiene una posición más cercana a Hamás que a la Autoridad Nacional Palestina. Están siendo muy beligerantes, y la verdad es que no están ayudando al desarrollo del proceso de paz, creo que lo que tenemos que hacer desde Chile es exportar un ejemplo de buenas relaciones y no importar el conflicto como se está haciendo en este momento. Aunque no hay que ser miopes y decir que el conflicto no ha sido importado desde que se instaló en nuestro país. Y acciones de este tipo son acciones antisemitas porque van en contra de una expresión cultural judía más allá del Estado de Israel. Porque han hecho una campaña de boicot contra los músicos judíos. Algo que no han hecho contra nacionales de otros países muy cuestionados por violaciones de derechos humanos. Sin embargo, no dudan en movilizarse a la hora de atacar al Estado de Israel, la única democracia de Medio Oriente. Este."

El presidente de la comunidad palestina chilena, Maurice Kamhis, expresó sus deseos de que Chile establezca un Boicot, Desinversión y Sanción contra el Estado judío, afirmó,

"Esperamos que este avance sea aprobado en el futuro hacia el pueblo palestino, especialmente en lo que respecta al boicot y sanción de productos y servicios que provienen de los asentamientos en los Territorios Ocupados".

Y hay una cuestión importante que destacar: la comunidad judía chilena de hecho está comprometida con la causa de Israel y es abrumadoramente sionista. el expresidente de la junta educativa judía de Chile, Vaad Ha Jinuj; Andrés Guiloff afirmó: "Como chilenos de origen judío, nos solidarizamos con nuestros hermanos de Israel y lamentamos profundamente la nueva agresión artificiosa y de odio contra su territorio y su integridad física y emocional, provocada por cientos de cohetes y misiles de gran calibre y destructivos". , lanzado indiscriminadamente desde la Franja de Gaza hacia zonas civiles del país, por terroristas de Hamás y otros grupos islámicos fanáticos y fundamentalistas".

El 17 de diciembre de 2020, la Comunidad Judía Estadounidense AJC en su segunda entrega de una serie sobre el estado del antisemitismo en todo el mundo, en la que los expertos del AJC comparten sus ideas sobre comunidades donde expresiones particulares de odio a los judíos están en aumento. Chile se encuentra ahora entre los países que enfrentan una situación difícil en materia de antisemitismo.

"Chile se ha convertido en un lugar peligroso para ser judío. Suena muy difícil y es muy complejo. En pocas palabras, no hay estigma para el antisemitismo. Desde la Guerra de Gaza en 2014, la comunidad judía ha experimentado un aumento en los ataques de odio, mientras que el movimiento de Boicot, Desinversión y Sanciones (BDS) presenta un gran desafío para la vida judía".

La comunidad palestina ha estado "alimentando la hostilidad" con "un grupo de radicales". Afirman que son una comunidad palestina fuerte de 400.000 personas, y han estado trabajando duro para publicar y tratar de establecer ese número similar y, como ya dijimos, no hay consenso sobre esa cuestión. Lo único en lo que todos podemos estar de acuerdo es en que han estado utilizando esta enorme cantidad como un arma políticamente eficaz. Y también lograron con éxito colocar el conflicto de Medio Oriente en la agenda nacional del país. Mientras Chile lidia con desigualdades económicas, este grupo de activistas ha tratado de aprovechar el clima político y dirigir la atención y la culpa hacia Israel y los judíos".

"Hasta ahora, no hay que pagar ningún precio particular en el ámbito público por entregarse a una retórica o comportamiento antisemita, ya sea política, legal o en términos de vergüenza colectiva", dijo Dina Siegel Vann, directora del Instituto Arthur y Rochelle Belfer del AJC. para Asuntos Latinos y Latinoamericanos.

Algunos líderes palestinos en Chile han apodado al COVID-19 el "Virus Sión", y cuando el país experimentó un aumento de casos a principios de este año, legisladores de todas las tendencias políticas priorizaron desmedidamente una resolución que condenaba la anexión propuesta por Israel y exigía la cancelación del comercio y otros Acuerdos con el Estado judío.

El AJC ha trabajado estrechamente con la comunidad judía chilena de 20.000 personas (no está nada claro cuántos judíos viven en Chile, algunos académicos afirman que los descendientes judíos podrían ser más de 150.000) para recordarle al gobierno y a la sociedad civil de

Chile que los ataques antisemitas, si no prevenir o combatir—amenazan la cultura de diversidad e inclusión del país y representan un peligro real y presente para el presente y futuro democrático de Chile. El AJC y la comunidad judía de Chile han instado constantemente a los sucesivos gobiernos a agregar el antisemitismo a la legislación contra la discriminación y a adoptar la definición práctica de antisemitismo de la IHRA.

-

Y específicamente sobre el "intento de Valdivia de establecer un trato discriminatorio al Estado judío" la brillante abogada chilena Vanesa Hites en su revisión de tesis estudió y estableció en sus Ok conclusiones sobre el fallido BDS que "más de veinte sentencias españolas" fueron estudiadas, llegando de los tribunales de lo contencioso administrativo y de los Tribunales Superiores de Justicia, que declaran la ilegalidad del movimiento BDS cuando los municipios lo adopten".

Explicó detalladamente por qué el intento del Consejo de Valdivia en Chile era antes moral, política y jurídicamente inaceptable. Ella afirmó ".

El análisis anterior es validado por el Dictamen N° 30.145 emitido durante la redacción de este trabajo ya que declara que el Acuerdo adoptado por el Ilustre Municipio de Valdivia no se ajusta a derecho y por lo tanto procede a cancelarlo. Dentro de las razones expuestas se mencionan la violación del principio de legalidad, la extralimitación de las facultades y prerrogativas que la orden otorga a las entidades constructoras, la intromisión en la atribución especial encomendada al Presidente de la República de llevar la conducción de las relaciones internacionales, la violación de los principios de libre concurrencia de los postores a la convocatoria administrativa e igualdad ante las bases del proceso"

El actual presidente de Chile, Gabriel Boric, al igual que muchos líderes de izquierda alrededor del mundo han venido abordando una posición crítica contra el estado judío, en su caso son muchos los que han expresado que declaraciones como la siguiente podrían catalogarse como algo cercano al antisemita. "Israel es un Estado criminal". Muchas organizaciones judías han afirmado que esas declaraciones son clara y notablemente antisemitas. Y tampoco hay voces judías que afirman lo mismo; el académico uruguayo afirma en el progresista español El País que efectivamente el señor Boric ha mostrado un raro tono conflictivo: escribió sobre el Sr. Boric: "Él también ha tenido expresiones antisemitas y contra Israel. De hecho, como se indica

"Con respecto a Israel, Boric apoya abiertamente el movimiento antisemita de Boicot, Desinversión y Sanciones y ha llamado a Israel un "Estado asesino" en la televisión, entre otras expresiones cuestionables.

En otro capítulo complejo de comportamiento cuestionable respecto del Estado judío, el Washington Post en su edición del 18 de septiembre de 2022 describe el incidente realmente duro que provocó el presidente Boric.

"El gobierno de Chile se vio envuelto en una disputa diplomática el viernes luego de que el presidente del país sudamericano suspende la aceptación de las cartas credenciales del nuevo embajador de Israel debido al aumento de la actividad militar en la ocupada Cisjordania"

un grupo de 21 legisladores criticó a Boric por un "desaire" de proporciones "sin precedentes".

"El presidente Boric boicotea las relaciones bilaterales, improvisando una decisión en el momento en que el embajador estaba en la Cancillería", dijeron el viernes en una carta los legisladores que forman parte del grupo interparlamentario Chile-Israel. "Situaciones como estas demuestran un profundo desprecio por los más de 70 años de amistad entre Chile e Israel".

Washington Post repasa algunos de los conflictos que ha tenido el actual presidente de Chile con la comunidad judía

"Boric, de tendencia izquierdista, ha hablado con frecuencia contra Israel y sus operaciones militares. En una entrevista televisiva el año pasado, se le preguntó a Boric, quien se convirtió en presidente de Chile en marzo, si mantenía su opinión anterior de que Israel es un país "genocida y asesino". "Lo mantengo", respondió.

Y en 2016, la comunidad judía de Chile le envió a Boric un tarro de miel para celebrar el Año Nuevo judío. Boric respondió en Twitter: "Aprecio el gesto pero podrían empezar pidiendo a Israel que devuelva el territorio palestino ilegalmente ocupado".

La elección de Chile también subraya el alcance global de los políticos antisionistas, cuyos intentos de disociar su odio a Israel con el antisemitismo clásico han ayudado a que sus candidaturas en toda América Latina sigan siendo viables.

Pero las elecciones chilenas podrían haber acabado siendo incluso más complicadas y con consecuencias realmente arriesgadas. "Por cierto, la normalización de dicho antisemitismo en Chile también puede servir como un presagio de acontecimientos políticos en Estados Unidos".

El 9 de enero de 2022, el JNS publicó una columna de Amnon Lord en la que afirmó: "El ascenso de la izquierda radical al poder en Chile muestra cómo han cambiado las cosas en el escenario mundial en lo que respecta al odio a Israel. También debería servir como señal de advertencia para América del Norte".

El estilo populista con dosis de anti sionismo podría ser realmente peligroso y crear un escenario complicado.

"El antisionismo de Boric refleja la retórica" ciertamente podría usarse como una herramienta populista y eventualmente puede transformarse en un instrumento peligroso.

Desde Israel, Colodro afirma que no es la primera vez que el Congreso chileno busca interferir en la situación de la Franja de Gaza. Anteriormente, en 2017, antes de las elecciones presidenciales, se intentó sacar del padrón electoral a chilenos-israelíes por estar en "territorio tomado".

Según informó El Líbero el miércoles 2 de junio, se presentó en la Cámara de Diputados un proyecto que "prohíbe la importación de mercancías, bienes o productos provenientes de territorios ilegalmente ocupados conforme al derecho internacional", y sanciona su infracción como delito de contrabando. La iniciativa fue impulsada por los diputados Sergio Gahona, Marcos Ilabaca, Karol Cariola, Pepe Auth, Ricardo Celis, Andrés Longton, Jorge Brito, Iván Flores y Alexis Sepúlveda. La comunidad judía del país también rechaza la tramitación de este proyecto. A excepción del PPD, Ricardo Celis, que luego retiró su apoyo a este proyecto de ley, todos los demás han asumido compromisos sólidos con la agenda antiisraelí, que se acerca y regularmente al mismo viejo y clásico antisemitismo.

Gabriel Colodro, presidente de la ONG Comunidad de Chilenos en Israel, junto con otro líder de su organización, Hernán López, intentaron sin éxito hablar con el señor Boric muchos años antes de que se presentara esta ley antisemita; La respuesta del actual presidente chileno fue clara y triste, no quería escuchar la voz del chileno que se va en Israel. Seamos claros que estaba dispuesto a conocer y escuchar a todas las comunidades chilenas alrededor del mundo con la única excepción de aquellas que viven en Israel, y de hecho no suena muy democrático. La relación de la comunidad judía chilena con el actual presidente, Gabriel Boric, no ha sido fácil. Y muchas voces condenan su apoyo constante y permanente a las ideas antisemitas y a la agenda antisionista. Para describir su conducta, repasemos un incidente de 2016. Como un miembro del Parlamento en respuesta a un Rosh A Shana presente de la comunidad judía chilena, envió un mensaje de texto pidiendo directamente a la comunidad judía chilena que hiciera algo y revisará 'el apoyo a la ocupación ilegal de Palestina'. Así que no sólo es antisemita con respecto a Israel sino que está erróneamente confundido acerca de las capacidades del gobierno de Israel y las capacidades de las comunidades judías de todo el mundo. La pregunta sigue siendo: ¿es ignorante o realmente tiene un problema más profundo con el pueblo judío? ¿O pueden ser ambos?

Este incidente ha sido publicado en muchos medios de comunicación; Por ejemplo, Israel detrás de la noticia afirmó que este comportamiento escandaloso es extremadamente desafortunado y debería aclararse para no ser etiquetado definitivamente como un antiemético....

Diario judío. La lista publicada posterior al Centro Wiesenthal de los diez peores incidentes antisemitas de la década de 2020 apareció por primera vez en UNA.org. La lista principal de los antisemitas más famosos del año "2020" y en la lista está el ascenso del político chileno Oscar Daniel Jadue. Jadue, el actual alcalde de Recoleta, es miembro del Partido Comunista y apoya el movimiento BDS. Según Cooper, Jadue, una figura nacional que ha sido mencionada como futuro presidente, ha llamado a los judíos una "fuerza subversiva" que apuñalará al país por la espalda. Que exista la posibilidad de que Jadue pueda liderar Chile, que tiene la tercera población judía más grande del continente, fue "impactante", dijo Cooper.

"Esperamos que la publicación de la lista hoy genera preocupación y contenido internacional [sobre Jadue]", dijo Cooper.

Y la situación es amplia, clara y transparente. Hay algunos miembros de la generación de ascendencia palestina que se están convirtiendo en los más influyentes de la historia, y posiblemente sean los más destacados y con mayor influencia en la región y posiblemente en el mundo.

Hay muchos temas que pueden mostrar la particularidad de la situación chilena; Gabriel Colodro y Hernán López escribieron en el medio chileno El Mostrador, "no es casualidad que las leyes que se han aprobado contra esta segregación antisemita en movimiento en países como Francia, Canadá, España, Estados Unidos y Suiza, entre otros, hayan legislación explícita que impide el establecimiento/un boicot del Estado judío. Chile y otros están lejos de eso y probablemente y tristemente cerca del antisemitismo moderno como el BDS, que es sin duda antisemita. Los actos nazis contra los judíos comenzaron con el boicot.

Este instrumento específico contra los judíos fue implementada por los árabes en 1920 y, de hecho, durante siglos.

En otro de tantos ejemplos de cómo este Antisemitismo se convierte en Antisionismo, es importante señalar que como lo hizo el medio chileno El Libero, el senador chileno Alejandro Navarro presentó una nueva iniciativa brutal, para él

"Muchos jóvenes israelíes son premiados por Israel después de su servicio militar y visitan Chile. He presentado un proyecto de ley en mi país, Chile, para que ningún joven chileno-israelí pueda hacer el servicio militar en Israel porque eso sólo sirve para aumentar la represión contra Palestina" , con esas palabras se presentó el senador independiente, Alejandro Navarro, en marzo de 2018, en la Cuarta Convención Mundial de Solidaridad con Palestina, celebrada en Líbano.

Pero él no se detuvo allí; afirmó "que Jerusalén no es la capital israelí" y añadió que el Estado Islámico era "una creación israelí-estadounidense-saudí".

Sólo para comprender el tipo de actores que hacen las leyes contra Israel, es importante comentar su comentario sobre "la necesidad de" establecer una línea de apoyo a Irán y Siria. ».

Navarro, se desempeñaba en este momento como presidente de la Comisión de Derechos Humanos, Nacionalidad y Ciudadanía en el Senado, y en ese c

Por su parte, el presidente de la Comunidad de Chilenos en Israel, Gabriel Colodro, afirma que "Navarro... hizo este proyecto pensando en Israel por todas sus motivaciones de sancionar a Israel y a todos los ciudadanos chileno-israelíes porque para él todos somos colonos ocupantes". ".

Pero Navarro no está solo, Jadue, en repetidas ocasiones, ha expresado que miembros de la comunidad judía son agentes extranjeros y que los estudiantes del Instituto Hebreo reciben entrenamiento militar en Israel. Se trata de una forma clásica de antisemitismo que acusa a los judíos de deslealtad al país, a lo que responde ahora Boric, que también ha declarado que está más "a la izquierda del PC" porque "la política no es lineal".

Como informó El Líbero, Colodro afirma que no es la primera vez que el Congreso chileno busca interferir en la situación en la Franja de Gaza. Anteriormente, en 2017, antes de las elecciones presidenciales, se intentó sacar del padrón electoral a chilenos-israelíes por estar en "territorio tomado".

Colodro y López publicaron en el diario chileno El Mostrador una interesante columna en la que afirmaban "

Acusar a Israel de apartheid y apoyar la creación de un Estado palestino son actos incompatibles, por lo que el verdadero objetivo de estos activistas es la destrucción del Estado de Israel para la creación única de un Estado palestino. '

Y añadieron correctamente: 'Lo que consigue el BDS en el ámbito cultural y académico es restringir la libertad de acceso de los estudiantes a la cultura y la educación. Vinculan el BDS con la defensa de los derechos humanos."

Tanto en el gobierno como en el cargo hay muchos líderes descendientes de palestinos, ministros, subsecretarios, alcaldes, jueces, un gran número, etc.

La centroizquierda ha estado en una guerra de influencia, pero está claro que el campo antiisraelí es enorme y amplio. -

Los ejemplos son innumerables: el presidente del mayor partido de derecha, Renovación Nacional, es un descendiente de palestinos, Francisco Chauhan. Y en todos los partidos conservadores la presencia de partidarios del Estado antijudío es significativa y relevante.

Lamentablemente, es cierto que la izquierda tiene una agenda antisemita moderna, tanto en el Frente Amplio como ciertamente en el Partido Comunista.

El partido de centro Democracia Cristiana estaba dirigido por un famoso activista antisionista, Fuad Chahin. Y en la derecha, aunque no es lógico y no hay justificación ideológica, la ascendencia palestina y la influencia palestina han ido logrando un enorme apoyo entre los miembros de su parlamento.

Gerardo Gorodisher, presidente de la Judería Chilena: La comunidad también achacó la falta de poder y el desinterés de todos los actores políticos respecto a la ley de incitación al odio. Expresó, "desde hace muchos años y en diferentes gobiernos de derecha y de izquierda estamos en la misma situación, avancen en todo eso es una expresión clara de que el antisemitismo no está en la agenda de los partidos políticos y tampoco en los gobiernos chilenos".

El profesor Zaliasnik señaló correctamente que la situación chilena en materia de antisemitismo es particularmente

El excongresista judío Gabriel Silber, quien cumplió 4 mandatos en el parlamento chileno, fue designado como nuevo presidente de la Cámara de Diputados en 2019, ya se desempeñó como vicepresidente en 2015, y aun así luego el campo antisemitismo y antisionista lo intenta. Para evitar que el acuerdo de coalición prevalece, afortunadamente en esta ocasión Silber asumió como vicepresidente del Parlamento chileno en 2015.

Desafortunadamente, en el proceso de 2019 en el parlamento, el campo antisionista le impidió ganar, e incluso con el acuerdo mayoritario firmado, no pudo convertirse en presidente de la Cámara de Diputados.

La triste verdad es que en ese tema, la variable sionista ha estado presente en los últimos años, por ejemplo en la postulación del Partido Por la Democracia, que tenía derecho a elegir al presidente del Parlamento chileno, Marco Antonio Núñez, fue cuestionado sólo porque había estado comprometido con el estado judío. Pudo ser nominado y luego presidente, pero es imposible olvidar que ser leal a Israel fue una barrera en su campaña.

Los otros parlamentarios que votaron en contra de condenar injustamente a Israel y los que aceptaron la invitación de la comunidad judía chilena a visitar Israel habían sido hostiles y atacados con virulencia. Respecto al presidente de los chilenos en Israel, Gabriel Colodro afirmó correctamente: "La persecución al parlamento chileno que decidió visitar Israel es una acción clara y transparente de antisemitismo porque el enfoque es diferente al de Israel respecto a otros países y es una acción de odio a los judíos. Las personas que no están de acuerdo con la política china respecto a los musulmanes nunca atacarán al gobierno chino.

Como presidente de la comunidad judía, Gabriel Zaliasnik afirmó en su columna semanal en 'La Tercera' que el actual presidente de su país ha venido mostrando un plan cuestionable que podría interpretarse como que un antisemita negacionista del Holocausto se desempeña como alto asesor del Ministerio del Odio. de su gobierno hoy.

La situación es efectivamente "inadmisible" y remarcó que la comunidad judía cuestiona al ministro de Salud del Minsal por contratar a un asesor negacionista del Holocausto.

La contratación del odiador del Estado judío y dictador venezolano, Nicolás Maduro: el Sr. Pablo Jofré Leal como asesor causó un enorme malestar en la comunidad judía y en las filas del propio partido gobernante, como informó anteriormente el medio online chileno El Dínamo. La carta abierta de Bnei Ibrit publicada en el diario online chileno El Mostrador afirma

Pero el ambiente antisemita no se da sólo en el ámbito político, el ex fiscal nacional era un destacado descendiente palestino y un militante, el presidente del Consejo Nacional de Televisión es un ferviente militante palestino, y los miembros más radicales de la comunidad palestina han sido ocupando muchas posiciones políticas y públicas diferentes.

Como afirmó el ex parlamentario chileno Gabriel Silber, 'nuestros padres y especialmente nuestros padres becarios estaban acostumbrados a tener amigos palestinos cercanos, esa ya no es la realidad de la comunidad judía chilena, hemos sido testigos de una transformación real de la comunidad palestina chilena y especialmente notable en el liderazgo de las organizaciones palestinas en Chile, el ex presidente judío chileno afirmó que 'la situación se ha vuelto cada vez más compleja, y el discurso palestino cada vez más violento y tristemente cercano a los extremistas de Hammas y Hezbollah en lugar de identificarse con los palestinos'. Autoridad

Y esto no es todo, incluso en el ámbito deportivo la comunidad palestina organizada chilena ha estado utilizando todas las herramientas a su alcance para hostilizar a Israel y al mismo tiempo provocar una sensación de inseguridad en muchos miembros de la comunidad judía chilena del Club Palestino. Hay un exitoso equipo de fútbol que ahora está en el populoso barrio de La Cisterna, y los palestinos usan el club como propaganda táctica =, usan todo el mapa israelí como un país palestino. Cuando recuerdas las demandas palestinas, la manifestación y los gritos sobre Palestina, Palestina desde el río hasta el mar. Entonces, hay nuevas razones para preocuparse por la agencia palestina de los palestinos en general y de la comunidad palestina chilena en particular.

En opinión de los chilenos, el líder de los chilenos en Israel, Daniel Weinstein, puede esperar que tanto la comunidad judía chilena como los chilenos en Israel enfrenten problemas. Ambos por lo mismo, el trato diferente a Israel es Antisemitismo, publica en la web de la organización Chilenos en Israel lo siguiente".

se puede resumir en una sola frase, lo que quieren es "un nuevo parámetro": Ya no bastará tu talento para participar en una orquesta, ni tus aptitudes para ser profesor universitario, ni tus pensamientos o estudios alcanzarán elevados razonamientos. ser digno de ser publicado en una revista científica; más bien habrá que cumplir un requisito más, que es: "no ser sionista" (en adelante, "malos judíos").

Los "malos judíos" se concentran en la creación del Estado de Israel y básicamente son personas que no piden permiso para respirar, y cuando lo atacan con cuchillos y matan a un bebé de 7 meses para luego ver en el periódicos palestinos que los terroristas son nombrados héroes y que el autor del artículo de Latam pretende que esto nunca existió y que estos actos son de la categoría "no los comparto, pero los entiendo"; simplemente se enojan y piden a su ejército que haga lo que sea necesario para "que nunca vuelva a suceder". La comunidad judía tiene buenas razones para preocuparse, inquietarse e incluso tener miedo. Lamentablemente, el escenario no es ni prometedor ni tranquilo y confortable.

En Studies Magazine, (40), 2020. ISSN 1659-3316 del 2 de junio de 2020 a noviembre, Daniel Kersffeld retoma su visión sobre el antisemitismo "es un concepto multidimensional y también un fenómeno".

Histórica y globalmente, su odio hacia los judíos permanece sin cambios.

Se mantiene sin cambios, aunque puede cambiar la forma en que se comunicaba en varios

circunstancias y situaciones.

El analista político Robert Wistrich, a partir de "El odio más antiguo" (1992), presenta diferentes etapas de nuestra historia. Desde los primeros siglos de nuestra era y más allá, al menos en apariencia, se puede representar como una ideología transformadora, en la que los responsables del mal en el mundo ya están claramente identificados. Por lo tanto, puede ser utilizado, desde izquierda y desde derecha, como un movimiento supuestamente radical y subversivo".

En algunos casos, las plagas, las guerras y los desastres naturales insultan a aquellos cuya responsabilidad históricamente se había asignado a los judíos, incluidos los malos, los riesgosos, los trágicos o los siniestros.

Al igual que el odio a Israel, el nuevo antisemitismo tiene sus raíces en la percepción de que Israel es el judío del mundo. Primero, el antisemitismo fue religioso, luego el odio se volvió racial, en última instancia, solo un odio cultural y, a veces, se volvió menos sofisticado y simplemente compartido con respecto a lo desconocido. En la actualidad, el antisemitismo está más vinculado con la envidia, la ignorancia, el odio y principalmente el pánico ante lo desconocido, es el principal impulsor del antisemitismo moderno.

Para Hernán López, uno de los líderes de la ONG Chilenos en Israel, lo que un campo democrático y pluralista debe hacer es tratar a Israel como trata a cualquier otro país, 'aceptamos la crítica, pero tratamos a Israel no con una medida diferente', afirmó. añadió recordando que este era el pensamiento Nobel de la sobreviviente del premio Nobel Ellie Wiesel*

Es posible argumentar que el antisemitismo en Chile no comenzó debido a la iniciativa palestina chilena, y eso es cierto, de hecho, como lo afirmó Wikipedia, comenzó mucho antes.

Entre los españoles que llegaron a Chile durante la Inquisición se encontraban judíos. La Inquisición estuvo activa en Chile hasta 1813. En ese período, muchos judíos fueron asesinados. Uno de ellos fue Francisco Maldonado De-Silva, un médico que declaró públicamente su religión judía y fue asesinado sólo por eso. La historia de vida de De-Silva fue publicada en el libro "la Gesta del Marrano."[3]" Y sí, el escritor argentino Marco Aguinis escribió un libro excepcional en el que profundiza en la extraordinaria vida de Da Silva. No solo la inmigración árabe impulsó la Anti Semitismo Chile, pero sin duda contribuyen significativamente al odio moderno a los judíos y a toda la expresión moderna del comportamiento antisemita, especialmente pero no solo encabeza el antisionismo.

Y también es cierto lo que afirma el campo progresista respecto a que los nazis que llegaron a Chile nunca fueron expulsados y más aún que el gobierno chileno y el sistema chileno no hicieron nada para lograr justicia. Los criminales nazis como Walter Rauff nunca enfrentaron un juicio, con la complicidad activa de muchos presidentes chilenos entre ellos de derecha como Arturo Alessandri de centro izquierda como Eduardo Frei Montalva, e incluso eso es casi imposible de creer incluso con Salvador allende Gossens y obviamente con Augusto Pinichet Ugarte. Como dice la Historia de la Guerra Mundial " Walter Rauff, nacido en 1906 en Alemania, ascendió en las filas militares y del partido nazi en el período previo a la Segunda Guerra Mundial y se convirtió en responsable de la muerte de alrededor de 100.000 judíos. Roma y personas discapacitadas en Europa del Este, África del Norte e

Italia entre 1942 y 1945.

Rauff fue una figura destacada detrás del uso por parte de los nazis de furgonetas móviles de gas, que atrapaban a judíos y personas "inferiores" en su interior y luego utilizaban los vapores del tubo de escape para llenar la sección trasera de la furgoneta y envenenar a las víctimas que estaban dentro. A pesar del historial bárbaro de Rauff, pudo escapar de la custodia en Italia al final de la Segunda Guerra Mundial y obtener asilo en América del Sur, estableciéndose finalmente en Chile.

A pesar de los numerosos intentos de la República Federal Alemana de extraditar a Rauff a Alemania para enfrentar cargos, los gobiernos chilenos bajo el general Augusto Pinochet y Salvador Allende rechazaron las demandas. Rauff fue sólo una de muchas otras figuras nazis destacadas, como el médico del campo de Auschwitz, Josef Mengele, que injustamente pudieron vivir sus días en los remansos de América Latina". 149

Y las ideas nazis han estado en el ámbito político en Chile desde hace muchos años, solo y un pequeño ejemplo el 30 de agosto de 2015, un partido neonazi intentó establecer un nuevo paraguas y los diputados Gabriel Silber y Daniel Farcas llegaron a la sede de los partisanos. por el movimiento Defensa de Chile (Padechi), para mostrar su rechazo a la intolerancia que promueve este grupo contra las minorías sexuales y los inmigrantes. Los parlamentarios realizaron un cierre "simbólico" de la sede.

Ciertamente, la situación en América Latina es cada vez más compleja. Incluso Gustavo Petro podría ser incluso peor que Gabriel Boric en cuanto a la relación con Israel, pero en Colombia y probablemente en ningún otro lugar no es tan fácil como en Chile encontrar un parlamento antisemita dispuesto a expresar odio y falta de respeto a la comunidad judía y obviamente contra el estado de Israel.

Otro ejemplo de la situación de las partículas chilenas se puede ilustrar con la En una visita a Chile, dos parlamentos israelíes tuvieron el desafío de enfrentar el comportamiento agresivo y la descalificación de los palestinos chilenos. El post de Jerusalén revisó el viaje y la desagradable situación para el parlamento israelí, quienes fueron hostilizados permanentemente.

"Carta al periódico La Tercera se opone a una visita de la presidenta del Grupo Parlamentario de Amistad Israel-Chile, Sharren Haskel, y Yossi Yona, que incluyó reuniones con funcionarios de alto nivel, incluido el ministro de Relaciones Exteriores y el presidente del parlamento, destinadas a fortalecer las relaciones entre los dos países. Fue firmado por 16 parlamentarios, algunos de los cuales se identifican como palestinos".

Sharren Haskel afirmó: "El lobby palestino en Chile no deja de fomentar el odio y el conflicto". Afirmó que "las reuniones exitosas con varios ministros chilenos y otros funcionarios son la mejor respuesta a la agitación del lobby palestino local y los llamados a boicotear contra Israel", agregó la parlamentaria.

Calificó el comportamiento de los parlamentarios que protestaban como "antisemitismo flagrante".

"No abandonaremos la arena internacional a los enemigos de Israel, que están tratando de destruir las relaciones de Israel con otros países", Haskel prometió firmemente que no serán atemorizantes, sino todo lo contrario.

"El hecho de que haya una carta de agradecimiento a Israel por parte de parlamentarios chilenos en respuesta a la carta racista de los parlamentarios palestinos demuestra la importancia de las relaciones personales creadas entre yo... y los parlamentarios de Chile".

El nuevo líder judío chileno comenta: Nuestra presencia en Chile se extiende por siglos, comenzando con la llegada de los primeros judíos conversos que huyeron de la Inquisición en el siglo XVI. A lo largo de nuestra historia, hemos desempeñado un papel importante en la configuración del país que abrazó a nuestros antepasados y ahora nos incluye como miembros orgullosos de la sociedad.

La comunidad judía en Chile ha contribuido continuamente al desarrollo social, cultural, económico e intelectual de la nación. Desde la academia hasta el emprendimiento, desde las artes hasta el servicio público, nuestra comunidad ha realizado contribuciones duraderas y significativas en todos los campos.

Valoramos los principios de tolerancia, respeto y libertad religiosa que Chile defiende. Sin embargo, resulta desalentador presenciar el reciente deterioro de nuestra situación. Hemos visto un aumento del odio y la agresión, lo que plantea importantes desafíos para el bienestar y la seguridad de la comunidad judía.

Como presidente chileno de la comunidad judía, mi función es crear conciencia sobre estos temas y abogar por el cambio. Creo firmemente que la educación es la clave para combatir la ignorancia y promover la tolerancia. Al fomentar el diálogo, la comprensión y el respeto, podemos disipar ideas erróneas y prejuicios que contribuyen a la discriminación contra la comunidad judía.

Nuestra historia compartida y los logros de la comunidad judía en Chile deben celebrarse y acogerse. Debemos trabajar juntos para construir una sociedad inclusiva que valore la diversidad y proteja los derechos y libertades de todos sus ciudadanos.

Estoy comprometido a trabajar junto con colegas chilenos, organismos gubernamentales y organizaciones de la sociedad civil para abordar los desafíos que enfrentamos. Al promover el diálogo, fomentar interacciones positivas y crear conciencia, podemos fomentar una sociedad más armoniosa y tolerante para las generaciones venideras.

Juntos, podemos crear un Chile donde la comunidad judía y todos los grupos minoritarios puedan prosperar y aportar sus talentos y perspectivas sin miedo ni discriminación.

La comunidad chilena palestina

Contrariamente a las ideas erróneas populares, la comunidad palestina chilena es predominantemente cristiana y probablemente más moderada de lo esperado.Con una población de más de 50.000 habitantes, se han consolidado como parte integral de la sociedad chilena.

Es crucial reconocer que su presencia no implica automáticamente una conexión con el antisemitismo o ideologías extremistas.

El enfoque de la comunidad palestina chilena en su propia herencia cultural y el apoyo a la causa palestina no debe confundirse con el antisemitismo. Es esencial separar el activismo político del prejuicio contra los judíos. Entablar un diálogo y comprender los matices de sus perspectivas puede ayudar a disipar ideas erróneas y fomentar el respeto mutuo.

Esta comunidad ha hecho importantes aportes a la sociedad chilena y se ha integrado exitosamente. Sus valores y creencias probablemente deberían alinearse más con los principios de coexistencia y moderación que con las ideologías radicales de sus supuestos aliados. Pero inexplicablemente habían sido influenciados por el motor del antisemitismo.

La paradójica alianza entre la izquierda chilena y los grupos islámicos ultraextremistas puede atribuirse a la influencia del antisemitismo y el antisionismo modernos. Si bien la comunidad palestina en Chile no comparte las opiniones extremistas de sus supuestos aliados, la postura antisionista compartida puede servir como fuerza impulsora para esta alianza. Es esencial reconocer la distinción entre la comunidad palestina y los grupos extremistas con los que está asociada.

La desconcertante alianza entre la izquierda chilena, representada en gran medida por el Partido Comunista y el Frente Amplio, y grupos islámicos ultraextremistas como Irán, Hezbolá, Hamas y los hutíes se vuelve aún más tenue cuando consideramos las cuestiones centrales del antisemitismo, el antisionismo y y las realidades desafiantes que enfrentan las personas LGBTQ+ y los cristianos en Irán y Palestina. Este ensayo pretende profundizar en las contradicciones que rodean esta alianza, destacando la discriminación contra la comunidad LGBTQ+ y las complejidades que enfrentan los cristianos en estas regiones. Es fundamental reconocer que estos temas no son representativos de la comunidad palestina en Chile en su conjunto, sino de los grupos extremistas con los que se asocia la izquierda chilena.

Destacando la difícil situación de las personas LGBTQ+ y los cristianos. En medio de esta alianza, es imperativo arrojar luz sobre las experiencias de las personas LGBTQ+ y los cristianos en Irán y Palestina. Las personas LGBTQ+ en Irán enfrentan una severa discriminación, donde la homosexualidad es criminalizada y a menudo castigada con prisión o incluso ejecución. De manera similar, en ciertas regiones de Palestina, las normas sociales y culturales pueden fomentar un ambiente hostil para las personas LGBTQ+, agregando una capa adicional de complejidad a la alianza entre la izquierda chilena y los grupos islámicos ultra extremistas que operan en estas áreas.

Además, los cristianos en Irán y Palestina enfrentan varios desafíos, incluida una libertad religiosa limitada, discriminación y actos ocasionales de violencia. Estas realidades chocan con los valores progresistas y la defensa de los derechos humanos generalmente propugnados por la izquierda chilena, lo que resalta aún más las contradicciones dentro de su asociación con grupos extremistas.

La desconcertante alianza entre la izquierda chilena y los grupos islámicos ultra extremistas requiere una comprensión matizada de las contradicciones en juego. Las cuestiones centrales del antisemitismo, el antisionismo y los desafíos que enfrentan las personas LGBTQ+ y los cristianos en regiones como Irán y Palestina contribuyen a la complejidad de esta alianza. Es fundamental reconocer que las perspectivas extremistas representadas por estos grupos no reflejan la totalidad de la comunidad palestina en Chile. Al abordar y reconciliar estos "A pesar de la oscura situación de los palestinos homosexuales que enfrentan abusos legales y sociales e incluso asesinatos por parte de Hamas en Gaza y Cisjordania, algunos grupos de izquierda y LGBTQ de EE. UU. curiosamente todavía apoyan al grupo Palestina Libre. Este grupo, mientras pide la destrucción de Israel, permite el abuso de su propio pueblo LGBTQ".

https://www.washingtonblade.com/2023/10/12/time-to-end-progressive-lgbtq-organizations-hypocrisy-against-israel/#:~:text=A pesar de%20the%20 dark,own%20LGBTQ% 20 personas.

La comunidad palestina chilena, que es predominantemente de ascendencia palestina, es una combinación única de dos identidades. Mantienen fuertes sentimientos negativos hacia Israel debido al conflicto histórico y la actual ocupación israelí de los territorios palestinos. Sin embargo, es crucial entender que una porción significativa de la comunidad palestina chilena se identifica como cristiana.

A pesar de su fe cristiana, algunos miembros de la comunidad palestina chilena pueden mostrar una falta de conciencia o reconocimiento hacia la persecución que enfrentan los cristianos en el mundo árabe, incluida Palestina. Esta falta de conciencia puede deberse a un enfoque limitado en el conflicto palestino-israelí y a un desprecio general por las complejidades del panorama religioso y social de la región.

Si bien el sentimiento contra Israel surge en gran medida del punto de vista sociopolítico como comunidad palestina, es esencial reconocer que los cristianos en el Medio Oriente, incluida Palestina, enfrentan desafíos distintos. Los cristianos a menudo enfrentan discriminación, libertades religiosas restringidas e incluso violencia selectiva debido al aumento de b

extremismo y tensiones sectarias.

La comunidad palestina chilena, impulsada principalmente por su sentimiento antiisraelí, podría pasar por alto o restar importancia sin darse cuenta a estos desafíos que enfrentan sus hermanos cristianos en Palestina. Esto podría deberse a un enfoque más amplio en la narrativa palestina general de opresión y violaciones de derechos humanos, que a veces eclipsa las experiencias específicas de los cristianos en la región.

Es crucial señalar que dentro de la comunidad palestina chilena existe diversidad de opiniones y niveles de conciencia. Algunas personas y organizaciones abogan activamente por los derechos y el bienestar de los palestinos, independientemente de su afiliación religiosa, mientras que otras pueden priorizar abordar específicamente la difícil situación de los cristianos.

No obstante, la narrativa más amplia de opresión e injusticia que enfrentan los palestinos a menudo ha recibido más atención dentro de la comunidad palestina chilena. En consecuencia, los desafíos religiosos y sociales que enfrentan los cristianos en Palestina no siempre reciben el mismo nivel de reconocimiento o urgencia.

En conclusión, a pesar de ser predominantemente cristiana, el fuerte sentimiento antiisraelí de la comunidad palestina chilena podría eclipsar su conciencia o reconocimiento de las luchas únicas que enfrentan los cristianos en el mundo árabe, incluida Palestina. Como ocurre con cualquier comunidad, existe un espectro de puntos de vista y niveles de comprensión dentro de la comunidad palestina chilena, pero es importante fomentar una perspectiva inclusiva e integral que reconozca y aborde los desafíos religiosos y sociales que enfrentan los cristianos en la región.

La alianza entre la izquierda chilena es un espejo de la operación de la extrema izquierda a nivel mundial con el islam radical. La alianza entre la izquierda chilena, en particular el Partido Comunista y el Frente Amplio, y grupos islámicos ultra extremistas como Irán, Hezbolá, Hamás y los hutíes ha levantado sorpresas y desatado debates. Este ensayo tiene como objetivo explorar las contradicciones tolerables dentro de esta alianza, centrándose en el papel del antisemitismo y el antisionismo modernos como impulsores potenciales. Es importante señalar que la comunidad palestina en Chile, que es predominantemente cristiana y moderada, no se alinea con el extremismo de estos fanáticos islámicos ni con el campo ultra progresista chileno.

Los grupos islámicos ultra extremistas parecen contradictorios, dada la postura intolerante y antiisraelí de estos últimos. La comunidad palestina en Chile, sin embargo, no comparte las mismas opiniones extremistas. Esta paradoja puede explicarse examinando la influencia del antisemitismo y el antisionismo modernos.

La desconcertante alianza entre los progresistas mundiales y especialmente en el caso de la izquierda chilena, es absolutamente inaceptable. En Chile, la extrema izquierda representada en gran medida por el Partido Comunista y el Frente Amplio, y grupos islámicos ultra extremistas como Irán, Hezbolá,

El alineamiento de la izquierda chilena con grupos islámicos ultra extremistas parece contradictorio, dado que estos grupos son conocidos por sus actitudes intolerantes hacia las personas LGBTQ+ y su persecución de las minorías religiosas. En Irán y Palestina, donde operan muchos de estos grupos, los derechos LGBTQ+ no se reconocen y las personas enfrentan un inmenso peligro, discriminación e incluso asesinato debido a su orientación sexual o identidad de género. Además, los cristianos a menudo enfrentan persecución en estas regiones, con derechos limitados y restricciones a sus prácticas religiosas. La alianza entre la izquierda chilena, que a menudo defiende los derechos humanos y la igualdad, y estos grupos plantea serias preocupaciones y preguntas sobre la compatibilidad de sus ideologías.

Antisemitismo y antisionismo en la ecuación

Si bien el antisemitismo y el antisionismo pueden desempeñar un papel en esta alianza, es importante reconocer que la comunidad palestina en Chile, que consta de diversos orígenes religiosos y culturales, no abraza universalmente puntos de vista extremistas ni respalda la discriminación contra las personas LGBTQ+. Sin embargo, el atractivo del antisionismo, que se opone a la existencia de un Estado judío, y la demonización de Israel en ciertos sectores de la izquierda, pueden crear una narrativa que justifique alinearse con grupos extremistas que sostienen ideologías similares. Esta compleja mezcla de antisemitismo y antisionismo puede contribuir a la paradójica asociación entre la izquierda chilena y los grupos islámicos ultraextremistas.

Destacando la difícil situación de las personas LGBTQ+ y los cristianos

En medio de esta alianza, es imperativo arrojar luz sobre las experiencias de las personas LGBTQ+ y los cristianos en Irán y Palestina.

Las personas LGBTQ+ en Irán enfrentan una severa discriminación, donde la homosexualidad es criminalizada y a menudo castigada con prisión o incluso ejecución. De manera similar, en ciertas regiones de Palestina, las normas sociales y culturales pueden fomentar un ambiente hostil para las personas LGBTQ+, agregando una capa adicional de complejidad a la alianza entre la izquierda chilena y los grupos islámicos ultra extremistas que operan en estas áreas.

Además, los cristianos en Irán y Palestina enfrentan varios desafíos, incluida la libertad religiosa limitada, la discriminación, la violencia y la tortura cruel. Estas realidades chocan con los valores progresistas y la defensa de los derechos humanos generalmente propugnados por la izquierda chilena, lo que resalta aún más las contradicciones dentro de su asociación con grupos extremistas.

La desconcertante alianza entre la izquierda chilena y los grupos islámicos ultra extremistas requiere una comprensión matizada de las contradicciones en juego. Las cuestiones centrales del antisemitismo, el antisionismo y los desafíos que enfrentan las personas LGBTQ+ y los cristianos en regiones como Irán y Palestina contribuyen a la complejidad de esta alianza. Es fundamental reconocer que las perspectivas extremistas representadas por estos grupos no reflejan la totalidad de la comunidad palestina en Chile. Al abordar y reconciliar estas contradicciones, podemos participar en debates honestos y fructíferos que promuevan la inclusión, el respeto por los derechos humanos y la igualdad para todos.

El antisemitismo moderno, que ha evolucionado a partir de formas tradicionales de odio a los judíos, a menudo se disfraza de crítica a las políticas israelíes. Es importante distinguir entre la crítica legítima a las acciones israelíes y la demonización de Israel en su conjunto. El alineamiento de la izquierda chilena con grupos islámicos ultraextremistas está impulsado por una forma de antisemitismo moderno que retrata a Israel como la encarnación del mal, justificando así alianzas con grupos que comparten este sentimiento.

Antisionismo, la oposición a la existencia de un Estado judío, es otro factor que puede explicar la paradójica alianza. Si bien la comunidad palestina en Chile puede no compartir las opiniones extremistas de sus homólogos islámicos, aún puede albergar sentimientos antisionistas. La izquierda chilena, impulsada por su ideología progresista, puede simpatizar con la causa palestina y ver el establecimiento de Israel como un proyecto colonial. Esta postura antisionista compartida podría servir como terreno común para la alianza, a pesar de las grandes diferencias en el extremismo.

Voces a través de las fronteras: críticos de diversos orígenes intelectuales que interactúan con diversas perspectivas

Las voces críticas de los intelectuales, que resuenan en diversos campos de estudio, desafían las narrativas dominantes que rodean al movimiento BDS. Al cuestionar la eficacia, la coherencia y el impacto del BDS, enriquecen el discurso y aportan conocimientos de sus respectivas disciplinas. Reconocer sus contribuciones fomenta una comprensión más inclusiva de las complejidades que rodean el conflicto palestino-israelí.

Interactuar con perspectivas diversas es clave para crear un entorno de diálogo y comprensión que trascienda las fronteras de la religión y el origen étnico. Al superar las divisiones, desafiar los supuestos y promover un diálogo significativo, podemos trabajar por una paz justa y duradera en la región. Es a través de la participación de todas las voces, independientemente de sus orígenes, que podemos acercarnos a un futuro que priorice la convivencia, los derechos humanos y el respeto mutuo. y esto es exactamente lo contrario del BDS.

El movimiento de Boicot, Desinversión y Sanciones se ha convertido en un pararrayos para el debate tanto en el ámbito político internacional como en los círculos académicos. Mientras el movimiento busca ejercer presión sobre Israel por su trato a los palestinos, ha suscitado varias respuestas de políticos latinoamericanos y académicos estadounidenses. Sus posiciones reflejan la naturaleza multifacética e intrincada del movimiento BDS.

V. CONCLUSIONES

El fenómeno del antisemitismo actual

Los boicots antijudíos tienen una larga y triste historia, con actividades organizadas destinadas a excluir a los judíos de la vida social, económica y política. Estos boicots a menudo iban acompañados de restricciones legales y administrativas y han prevalecido a lo largo de la historia. Uno de los ejemplos más infames de boicot contra los judíos fue el boicot nazi en Alemania, que tuvo una rápida influencia en Europa y en todo el mundo.

Entre los académicos, no hay un acuerdo total sobre si el antisemitismo actual es un fenómeno nuevo o diferente. El consenso parece ser que el antisemitismo se refiere necesariamente a una nueva forma de expresar lo mismo, como una forma antisionista de antisemitismo. Pero para varios estudiosos, esto no es necesariamente algo nuevo, sino probablemente una forma más violenta de antisemitismo en Europa occidental a partir de la Segunda Intifada.

Es difícil entender desde una perspectiva racional cómo la gente corriente es capaz de creer en ese tipo de cosas, pero la triste verdad es que así era. Incluso hoy en día, un número considerable de personas aborda concepciones racistas del mundo. Esto ha sido una parte integral de la historia judía, como la de los siameses, haciendo imposible comprender el mundo judío sin él. El pueblo judío ha soportado mucho más que racismo en su largo viaje; Los prejuicios, el odio, la discriminación y otros atributos dolorosos también han causado dolor, tortura y muerte sistémicos y horribles. También es difícil ver cómo la gente común se verá afectada por movimientos antisemitas como el BDS, particularmente si utilizan instituciones como la educación superior, iglesias, organizaciones religiosas u organizaciones de derechos humanos.

Se reconocen los desafíos únicos que plantea la ola contemporánea de antisemitismo, que junto con las formas tradicionales de odio a los judíos. En los últimos años, ha habido un aumento de los incidentes antisemitas que ocurren a nivel mundial y particularmente en Europa occidental, que a menudo se atribuyen al antisemitismo de extrema izquierda. Este grupo considera el sionismo como una forma de imperialismo o racismo, y niega el derecho judío a tener su propio Estado. Pero los antisemitas de extrema derecha son una amenaza adicional. Adoptan ideologías supremacistas blancas, ven a los judíos como un riesgo para la pureza racial y propagan teorías de conspiración que afirman tener control judío. Es esencial destacar la distinción entre la crítica legítima a las políticas del gobierno israelí y el antisemitismo, ya que la primera es una expresión legítima de opinión política, mientras que la segunda perpetúa la discriminación y el odio contra los judíos.

Para combatir el antisemitismo, es fundamental defender y promover los principios de los derechos humanos, incluido el derecho a la autodeterminación y el derecho a vivir libre de violencia, discriminación y odio. La educación y la concientización son clave para desafiar los estereotipos, prejuicios y conceptos erróneos que rodean a los judíos y al Estado judío. Para avanzar, es fundamental que la sociedad siga esforzándose por lograr la educación, el diálogo y la comprensión, fomentando un entorno donde la intolerancia no tenga cabida. Si nos unimos para condenar los prejuicios y promover la inclusión, podemos trabajar por un mundo más tolerante y unido.

Los esfuerzos para resolver el conflicto palestino-israelí deben realizarse con el compromiso de lograr la justicia, la igualdad y la protección de los derechos humanos para todos. Esto incluye reconocer los derechos y aspiraciones tanto de israelíes como de palestinos, y trabajar hacia una solución negociada, pacífica y sostenible que garantice la seguridad, la dignidad y la autodeterminación de ambos pueblos, condenando todos y cada uno de los actos de terrorismo y violencia. Todo eso es exactamente lo contrario que el BDS promueve y especialmente lo que el BDS provoca.

VI. BIBLIOGRAFÍA

Ben-Tasgal, G. (2019). 300 preguntas en 300 palabras. Mitos y realidades sobre el conflicto palestino-israelí. Hatzad Hasheni.

Kantor, A. (27 de enero de 2021) Una descripción general del antisemitismo contemporáneo. Antisemitismo contemporáneo en los Estados Unidos. https://www.inss.org.il/publication/adi-kantor/

Lewis, B. (2006, invierno) El nuevo antisemitismo. El académico americano, 75(1), 25–36.

Strauss, M (2009, 2 de noviembre) El problema judío del antiglobalismo. La política exterior

Zadoff, E. (2004) MUERTE - La Enciclopedia del Holocausto. Yad Vashem y E.D.Z. Ediciones nativas, Jerusalén.

PARA SEGUIR REVISANDO

El viejo y el nuevo antisemitismo

La "conceptualización negativa de un judío".

El filósofo francés Pierre-André Taguieff sostiene que el antisemitismo basado en el racismo y el nacionalismo ha sido reemplazado por una nueva forma basada en el antirracismo y el antinacionalismo.

El antisemitismo y la prueba 3D del antisemitismo pertenecen a la discriminación contra los judíos por religión, ascendencia, ética, raza, pertenencia y, lo más importante, en el mundo moderno, el antisionismo es una cuestión crucial.

..

4.-Antisemitismo, pero no necesariamente un fenómeno nuevo

7 Jerusalén:

Jerusalén está vinculada con el pueblo judío desde la antigüedad. Obviamente, el rey David y el rey Salomón gobernaron al pueblo judío en esta ciudad. Entonces, decir que no está vinculado con el pueblo judío y Jerusalén no sólo es absurdo, sino también una mentira. Y podría ser responsable como un ataque para intentar disminuir el vínculo entre el pueblo judío e Israel.

Además, Jerusalén tiene un profundo significado religioso no sólo para el pueblo judío sino también para cristianos y musulmanes. La ciudad alberga numerosos sitios sagrados, incluido el Muro de las Lamentaciones, la Iglesia del Santo Sepulcro y la Cúpula de la Roca. Estos sitios son venerados por seguidores de diferentes religiones y sirven como testimonio de los siglos de historia compartida que representa Jerusalén.

-Antisemitismo moderno, de hecho BDS

El doble rasero del antisionismo

Los críticos del movimiento BDS argumentan que tiene sus raíces en ideas antisemitas y apunta al colectivo judío representado por el Estado de Israel (Marcus, 2015). Las manifestaciones y cánticos en los eventos de BDS a menudo piden la eliminación de Israel y niegan su derecho a existir (FOX News). A menudo se acusa al bando pro palestino de tener un doble rasero, ya que afirman luchar por la libertad, la justicia y la igualdad, pero tienden a ignorar otros conflictos y abusos de los derechos humanos (Rahola). Según Pilar Rahola, periodista y política, la lucha de Israel es la lucha del mundo porque su destrucción conduciría a la destrucción de la libertad, la modernidad y la cultura (Rahola).

-La afirmación de Kantor sobre la nueva forma de antisemitismo es ciertamente asertiva: "La idea de que una nueva forma de antisemitismo se desarrolló a finales del siglo XX y principios del XXI tiende a manifestarse como antisionismo y crítica al gobierno israelí".[1]: 296 –297

y cómo debería o podría limitarse.[1]"

El antisemitismo moderno representa una nueva forma de odio a los judíos

Boicots contra judíos: una perspectiva histórica y la manifestación moderna a través del movimiento BDS"

El boicot judío moderno

Boicot a la desinversión y sanciones

La historia de los boicots contra los judíos es triste y frecuente, con ejemplos que van desde la exclusión de organizaciones comerciales hasta ataques violentos a empresas judías.[23] La manifestación moderna del antisemitismo se puede ver en el movimiento BDS, que apunta a Israel y tiene como objetivo para deslegitimar y socavar su existencia.[23] El movimiento BDS representa una creciente aceptación de creencias antisemitas y una amenaza a la libertad de expresión y colaboración artística.[23] La comunidad internacional debe reconocer y condenar este antisemitismo para combatirlo de manera efectiva. [24]

Aunque BDS afirma ser una campaña de derechos humanos, la investigación y la evidencia proporcionadas en un informe de StopAntisemitism.org concluyen que el movimiento BDS radicaliza las críticas legítimas a Israel, convirtiéndolas en deslegitimación y, en última instancia, en antisemitismo. [Superíndice 1]

Los líderes palestinos y los objetivos reales del BDS

Omar Barghouti ha declarado inequívocamente que el movimiento BDS se opone a la existencia de un

Estado judío. En una conferencia en la Fundación Dag Hammarskjold en 2013, Barghouti afirmó: "Un judío

Estado en Palestina en cualquier forma... [perpetuará] un sistema de discriminación racial que debería

a oponerse categóricamente... definitivamente nos oponemos a un estado judío en cualquier parte de Palestina. No

Ningún palestino, ningún palestino racional, ningún palestino traidor, aceptaría jamás un Estado judío en

Palestina."58 El líder del movimiento BDS ha repetido desde entonces esta idea a través de varios medios.

y foros,59 incluso a través de varias organizaciones de BDS. La oposición categórica a la existencia de

la patria judía, la negación de la autodeterminación o de la condición de pueblo judío, es consistente con la

Séptimo ejemplo de la definición práctica de antisemitismo. Es esta idea la que actúa como puerta de entrada.

para que la campaña de deslegitimación invoque, abrace y promueva el antisemitismo a escala global.

Como ejemplo de una campaña reciente que tuvo sus raíces en una premisa antisemita, desde mayo de 2019 y como

Recientemente, en septiembre de 2019, el BNC calificó la franja de Gaza como un "gueto" donde los palestinos están

'atrapado' como parte de un esfuerzo por generar presión sobre HSBC Bank y AXA Insurance para que se deshagan de Elbit

Systems, una empresa israelí.60 Al utilizar este término, el BNC promueve la comparación de la política israelí al de los nazis, en violación del décimo criterio de la definición operativa de antisemitismo. Este

La analogía no sólo pretende demonizar a Israel, sino también culpar cruelmente a las víctimas, equivalente—por ejemplo,

Con fines ilustrativos, hasta etiquetar a los sobrevivientes de violaciones como "violadores", para negar el valor de la religión judía.

narrativa histórica que describe al Estado judío como moralmente repugnante. Después de promover repetidamente

este mensaje en su cuenta oficial de Twitter, otras organizaciones BDS publicaron este antisemita

contenido que incluye BDS San Francisco Bay Area, BDS Berlín, BDS Alemania, BDS Zurich y BDS Francia, por nombrar algunos.

Criterios adicionales para caracterizar el fenómeno del antisemitismo

Además de los tres tipos principales de antisemitismo mencionados anteriormente, los estudiosos también han propuesto otras divisiones. Según Harrison (2020a, 2020b), debe hacerse una distinción entre antisemitismo social y antisemitismo político. Harrison escribe que el antisemitismo social es un estado de conciencia o un estado mental de personas a las que no les gustan los judíos debido a su judaísmo y que desean expulsarlos de la plaza pública (de universidades, barrios residenciales, etc.). Por el contrario, el antisemitismo político no es un estado de conciencia; más bien se trata de teorías pseudopolíticas dirigidas contra los judíos como colectivo. Esto consiste en miedo a los judíos e ideas conspirativas de que los judíos controlan el mundo y que Israel es la fuente del mal del mundo. Según Harrison, en este contexto, el objetivo del antisemitismo político es destruir a los judíos, no simplemente excluirlos, porque son "la fuente del mal" que debe ser erradicado. Esta idea se expresa en el antisionismo y el antiisraelismo, con la alegación de que el Estado de Israel, como manifestación colectiva ilegítima del pueblo judío, no tiene derecho a existir.

A lo largo de la historia, el fenómeno del odio a los judíos ha tenido características y marcadores únicos, en torno a los cuales debería centrarse la discusión, particularmente en la era contemporánea. Bauer (2020a) describió bien esto recientemente al afirmar que "el antisemitismo se ha convertido en un fenómeno fundamental de la sociedad moderna". En otro artículo, escribió:

¿Hay algo que conecte el pogromo contra los judíos en Alejandría en el año 38 EC, antes de que el cristianismo ganara dominio con el ataque a la sinagoga en la ciudad alemana de Halle hace un año? ¿O entre la oposición de los asmoneos a los esfuerzos de los reyes seléucidas sirios para imponer la uniformidad cultural y los pogromos en

Topolcany y otros lugares de Eslovaquia después de la Segunda Guerra Mundial, por no mencionar el antisemitismo nazi? Si lo hay, entonces está justificado utilizar el mismo nombre para sus fundamentos comunes. El denominador común es el rechazo, la persecución o el odio dirigido a un grupo definido tanto por sus perseguidores como por la mayoría de sus miembros como un grupo étnico y/o etnoreligioso y/o religioso con características étnicas compartidas (énfasis del autor, A.K.) (Bauer, 2020b).

Además de reconocer que el antisemitismo es un fenómeno que tiene características únicas a lo largo de la historia, el antisemitismo es también uno de muchos acontecimientos sociales, económicos y de salud (como la crisis mundial del coronavirus) en todo el mundo en los últimos años. Bauer (2020a) enumera algunos de estos fenómenos, que incluyen la alta tasa de natalidad en África; las crisis políticas, militares y sociales que afligen al Medio Oriente; la huida de refugiados hacia Occidente y la respuesta de los países occidentales contra lo que describen como una "invasión" de refugiados; el aumento de un discurso extremista sobre la derecha y la izquierda política; y el ultranacionalismo. Además, existen ideologías fundamentalistas —no sólo religiosas— que también han establecido un vínculo crucial entre las manifestaciones antisemitas que se han producido a lo largo de cientos de años. Por lo tanto, además de reconocer que el antisemitismo es un fenómeno antiguo, siempre se debe entender que el antisemitismo también sirve como un denominador ideológico común para las ideologías y movimientos fundamentalistas y fanáticos actuales que rechazan el orden existente y afirman que los judíos lo controlan "por detrás". las escenas."

Sin embargo, sería incorrecto considerar el antisemitismo como un fenómeno puramente global. Bauer (2021) afirmó en este contexto que "si todo es antisemitismo, y no hay diferencia entre los hechos abominables a lo largo de la historia humana, entonces todo se convierte en un caos desorganizado, y las preguntas sobre el origen del odio, su propagación y los factores que puede contenerlo no tiene ningún significado". Más adelante en el mismo artículo, enfatiza que "sin comprender la base de la cual surgió el odio hacia los judíos, no hay manera de combatir los diferentes fenómenos del odio a los judíos.

El New York Times afirma que "existe un vínculo entre el resurgimiento del antisemitismo en Europa y el BDS".

Como afirmó Melman: "Aunque Israel es el único Estado judío del mundo (a pesar de una población que también incluye musulmanes, cristianos y otros), rodeado por 14 países musulmanes - muchos de los cuales no han ocultado su deseo de borrar a los judíos de Israel de la faz del planeta: los partidarios del BDS "despertados", sin embargo, ven a los judíos israelíes como los opresores, y a los musulmanes palestinos como sus víctimas. "Los defensores de la campaña cultural de boicot, desinversión y sanciones contra Israel afirman que su causa son los derechos humanos y que sus métodos no son violentos, y como señala Eastman: "Han dominado el lenguaje de la izquierda ilustrada, pero si rascas la superficie verás que sus tácticas –junto con sus mensajes– son todo menos pacíficas".

El New York Times en su edición del 29 de junio de 2019 respondió parcialmente a la pregunta porque aunque se mencionó al BDS entre otros, no se señaló como "la causa". Pero sí "el antisemitismo ha aumentado en Europa debido a numerosos factores, entre ellos "Globalización, populismo, pérdida de identidad nacional y la percibida opresión de los palestinos por parte de Israel. Una creciente minoría musulmana, en su mayoría del norte de África, ha visto las políticas israelíes hacia los palestinos como antimusulmanas, lo que ha llevado a muchos a apoyar el BDS".

Henry Levi "¿Es sólo un detalle que se puede ignorar con seguridad basándose en que el BDS apunta "sólo" a los territorios, los asentamientos judíos que se construyen allí y los bienes que producen los colonos? Esta es otra trampa tonta".

*Además, el artículo del periódico afirma "Que existe cierta superposición entre el apoyo al BDS y el antisemitismo".

La notable y famosa periodista española Pilar Rahola escribe más profundamente sobre la motivación antisemita de quienes se dirigen y defienden el movimiento BDS; Como afirmó correctamente, "es muy poco probable que aquellos que protestaron contra Israel estén o estuvieran "preocupados" cuando Hamás destruye la libertad de los palestinos. Sólo les preocupa utilizar el concepto de libertad palestina como un arma contra la libertad israelí. La consecuencia resultante de estas patologías ideológicas es la manipulación de la prensa."

El filósofo francés Bernard-Henri Lévy dice clara y claramente que el movimiento BDS contra Israel tiene sus raíces en el antisemitismo.

Henri Levy comenzó: "El Boicot, Desinversión y Sanciones (BDS) es un movimiento contra Israel basado en el odio a los judíos", dijo el filósofo francés a Fareed Zakaria de CNN el domingo 16 de febrero de 2017, que le preocupa la expresión moderna. del antisemitismo.

Y explicó que tal vez algunas personas no lo entiendan. Señaló, comentó y quiso decirles a los seguidores sinceros de esta campaña BDS: "Quiero decirles desde el fondo de mi corazón porque no estoy seguro de que lo sepan, esta es una campaña antisemita", dijo Lévy. durante una aparición en el programa “GPS” de Zakaria: “Esta campaña BDS tiene sus raíces hace mucho tiempo, hace 60 años, en los márgenes del nazismo moribundo”.

Es bien sabido que los nazis iniciaron su malvado movimiento contra los judíos; fue en el boicot que optó por castigar a los judíos. afirmó Bernard-Henri Lévy.

Israel Ayom declaró: "Un arma clásica del antisemitismo, el boicot condena al ostracismo y priva de sus derechos a los judíos al privarlos de educación, medios de vida, derechos civiles y camaradería. Las formas históricas del boicot antisemita incluyen prohibir a los judíos practicar ciertas profesiones o poseer arrendamientos agrícolas, negarles Membresía de judíos en asociaciones, sociedades y gremios, limitando el número de judíos a los que se les permite asistir a las universidades, y haciendo piquetes en las empresas judías y presionando a la gente para que rechace los servicios judíos".

Como afirmó el New York Times en su edición del 27 de junio de 2019, "muchos israelíes y judíos estadounidenses dicen que el BDS es un movimiento antisemita y utilizan la llamada prueba tridimensional para distinguir la crítica justa a Israel del antisemitismo: ¿la crítica deslegitima Israel, ¿aplicar un doble rasero o demonizarlo?

La respuesta es tan clara que da miedo. El BDS es absolutamente un movimiento antisionista y antisemita, e incluso ellos lo reconocieron explícitamente, " el ex BDS. " hace las tres cosas", dicen sus críticos, al cuestionar el derecho de Israel a existir y al señalar "Destacar a Israel por su trato a los ciudadanos árabes de Israel cuando las minorías en algunos países sufren mucho más".

Pilar Rahola asumió el papel de prensa internacional, lo que añadió una piedra más al camino.

Cuando informan sobre Israel, la mayoría de los periodistas olvidan el código de ética del periodista. Y así, cualquier acto israelí de autodefensa se convierte en una masacre, y cualquier confrontación en genocidio. Se han escrito tantas estupideces sobre Israel que ya no quedan acusaciones contra ella.

El anti-Israel que, como afirmó Rahola, "esta prensa nunca habla de la interferencia siria e iraní en la propagación de la violencia contra Israel, el adoctrinamiento de los niños y la corrupción de los palestinos. Y cuando informa sobre las víctimas, cada víctima palestina se presenta como una tragedia, y cada víctima israelí es camuflada, oculta o reportada con desdén."

Nathan Sharansky afirmó: "El BDS es sin duda un movimiento antisemita moderno".

Es el BDS. ¿Antisionista en su opinión? Su respuesta es clara y, sorprendentemente, afirman que el BDS es efectivamente antisionista, una especie de movimiento antisemita, expresión moderna de los judíos-calentadores.

Henry Levy afirmó: "También aquí basta leer la declaración fundacional del movimiento del 9 de julio de 2005, que especifica que uno de sus "tres objetivos " es"proteger " los derechos de los refugiados palestinos a regresar a sus hogares". y propiedades según lo estipulado en la resolución 194 de la ONU". De hecho y de derecho, eso equivaldría a establecer en esas tierras un nuevo país árabe con el que se pudiera contar, Judenfrei"

Sí, de hecho, el periodista del New York Times en su investigación se preguntó si son un movimiento antisionista. La respuesta fue sí, "¡SÍ, lo somos!" ellos agregaron

"Sí, en voz alta y con orgullo. Sus documentos fundacionales rechazan explícitamente el sionismo –la creencia en la autodeterminación del pueblo judío en la tierra bíblica de Israel– calificándolo de "pilar ideológico del régimen de ocupación, colonialismo y apartheid de Israel".

Como señala la famosa periodista española Pilar Rahola, el BDS rechaza cualquier posibilidad de paz en la región. "No hay ninguna declaración a favor de una solución de dos Estados. No hay ningún llamado del BDS para una nación palestina democrática que viva en paz y seguridad con Israel", escribe Melman.

El 4 de julio de 2022, Abigail R. Esman *publicó Under Fire: The BDS War Against Celebrities, de las celebridades, en el que describe el modus operandi del movimiento BDS. "Capítulo a capítulo, paso a paso, la poderosa escritura de Melman construye su argumento con revelaciones reveladoras sobre la historia de los judíos, de Israel y, en consecuencia, del movimiento BDS. En todo momento, su perspectiva sigue siendo clara y equilibrada; está dispuesta a criticar las acciones del gobierno de Israel sin criticar al propio Israel ni cuestionando su derecho a existir. Después de todo, señala, BDS y sus partidarios nunca han pedido el boicot, la censura o la destrucción de los artistas estadounidenses cuando no están de acuerdo con el gobierno estadounidense, lo que muchos hacen con frecuencia".

No sorprende que el BDS tolera y promueve indirectamente la violencia.

El New York Times declaró: "Aún así, dijo, BDS. Trata la resistencia a lo que considera opresión israelí, incluso mediante la lucha armada, como un derecho legítimo. Se negó a comentar sobre BDS. condena la violencia perpetrada contra soldados israelíes.

La relación con la violencia es compleja; cuando existen vínculos y vínculos con grupos terroristas violentos es difícil deshacerse de ellos.

Los opositores al BDS han atacado al BDS. no sólo por no condenar la violencia sino por permitir que los terroristas y sus partidarios se encuentren bajo su paraguas. El New York Times declaró: "El BDS. Entre los miembros del Comité Nacional, por ejemplo, se encuentra el Consejo de las Fuerzas Nacionales e Islámicas en Palestina. El consejo incluye varios grupos designados por Estados Unidos como organizaciones terroristas, incluidos Hamás, la Jihad Islámica Palestina y el Frente Popular para la Liberación de Palestina", como afirmó Abigail R. Esman Share.

La triste verdad es que la propuesta antisemita del BDS no persigue ningún resultado positivo y pacífico, dijo Abigail R. Esman.

La crítica más difícil que enfrenta el BDS es que su trabajo es efectivamente contraproducente para resolver el conflicto, como afirmó el New York Times y esta es la cuestión clave: "rechaza el derecho de Israel a existir a pesar del derecho internacional establecido; alienta a los palestinos a insistir en la derecho de retorno para todos los refugiados, que es poco probable que Israel acepte alguna vez en las negociaciones; presiona sólo a una de las partes para que haga concesiones y desalienta los esfuerzos de tender puentes entre israelíes y palestinos porque "normalizan" a Israel".

Y lo que es más importante, BDS rechaza "si el Estado judío distrae la atención del debate sobre cómo ponerle fin".

Y ciertamente se podría argumentar que "el BDS y los palestinos no están interesados en lograr la paz", afirma el New York Times.

Henry Levy afirma: "Basta con leer las declaraciones de Omar Barghouti, Ali Abunimah y otros promotores del movimiento BDS para ver que esta solución es precisamente lo que no quieren. Prefieren una "solución de un solo Estado" (término de Abunimah).) – bajo una bandera palestina, por supuesto"

Las repercusiones de este nuevo antisemitismo han mostrado resultados terribles. De hecho, "a finales del siglo XX y principios del XXI, gran parte de lo que se supone que es crítico hacia Israel equivale a demonización, y junto con un supuesto resurgimiento internacional de ataques antisemitas contra judíos,[2] profanación de símbolos judíos y del judaísmo, [2] Negación del Holocausto,[2] "

El doble rasero de los partidarios del BDS es sorprendente, como afirmó Rahola.

Y cuando escribe "¿derramamiento de sangre causado por el gobierno sirio? ¿Rechazaría a un artista iraní por su contundente reacción al último levantamiento en el país? Supongamos que fuéramos artistas árabes musulmanes israelíes, artistas árabes cristianos israelíes, artistas beduinos-israelíes, artistas circasianos". -Artistas israelíes, artistas drusos-israelíes o artistas judíos-israelíes que viven en el extranjero ¿Nos habrían negado también la participación en su festival?

Hay muchos ejemplos diferentes de cómo este tema se ha ido convirtiendo en una nueva realidad actuando no sólo en la extrema izquierda o la extrema derecha, que alguna vez fue el lugar de debate sobre la mejor manera de construir una sociedad mejor, un mundo con igualdad de oportunidades y también un En un entorno tolerante y sin discriminación, incluso la Unión Mundial Socialdemócrata Internacional se ha visto contaminada.

Y uno de tantos ejemplos fue que el liderazgo del partido laborista británico estaba en manos de una persona que había sido acusada en múltiples ocasiones de mostrar un comportamiento antisemita, sí efectivamente el señor Jeremy Corbyn no sólo tuvo una reunión formal

El Partido Laborista suspendió a un concejal de Blackpool basándose en acusaciones de que escribió publicaciones en Facebook llenas de comentarios incendiarios sobre los judíos porque hacía una valoración antisemita y lamentablemente defendió su deplorable conducta.

El Partido ha suspendido al concejal David Owen durante dieciocho meses después de investigar ocho publicaciones que supuestamente escribió entre septiembre de 2016 y julio de 2020, incluidos comentarios que citan al ex Gran Mago del Ku Klux Klan, David Duke, y otro que compara a Israel con los nazis. .

Sin embargo, Cllr Owen sigue siendo parte del grupo laborista del Consejo de Blackpool.

Aunque Cllr Owen supuestamente dijo que aceptaba que sus comentarios eran antisemitas según la Definición Internacional de Antisemitismo, como un antisemita convencido, sostiene que la Definición "casi cierra la libertad de expresión" cuando se aplica al Estado de Israel.

La Igualdad encontró que el Partido Laborista y la Comisión de Derechos Humanos (EHRC) hicieron que el Partido Laborista evaluara a los judíos. El informe siguió a la investigación de la EHRC sobre el Partido Laborista en la que la Campaña Contra el Antisemitismo era el denunciante, presentando cientos de páginas de pruebas y argumentos legales. Sir Keir Starmer calificó la publicación del informe como un "día de vergüenza" para el Partido Laborista.

El Barómetro de Antisemitismo de 2019 de la Campaña Contra el Antisemitismo mostró que el antisemitismo en la extrema izquierda de la política británica había superado al de la extrema derecha.

La Campaña Contra el Antisemitismo aboga por la tolerancia cero hacia el antisemitismo en la vida pública. Con ese fin, monitoreamos a todos los partidos políticos y nos aseguramos de que cualquier caso preocupante se aborde adecuadamente.

Bernard-Henri Lévy escribió correctamente sobre el ingenuo progresista que saltó a este movimiento antisemita del BDS. Su mensaje para aquellos activistas de izquierda naib que respaldan con entusiasmo este movimiento antisemita es que tengan cuidado: "Para los activistas que apoyan bien el movimiento BDS, que podrían ser vistos como causas nobles, podrían permitirse alistarse en una dudosa. Esas causas valiosas incluyen luchar contra los decapitadores yihadistas, salvar a las mujeres y niñas esclavizadas por Boko Haram, defender a los cristianos y demócratas árabes en peligro de Oriente Medio y luchar por una paz justa entre israelíes y palestinos".

Como afirmó Rahola: "Principios que el fundamentalismo islámico destruye sistemáticamente. Es decir, como no judío, periodista y zurdo, tengo un triple deber moral para con Israel porque si Israel es un Estado moderno que representa la libertad, la modernidad y cultura, exactamente lo que el Islam extremo odia.

Como observó Henry Levy: "La verdad es que el movimiento BDS no es más que una caricatura siniestra de las luchas anti totalitarias y antiapartheid. Es una campaña cuyos instigadores no tienen otro objetivo que discriminar, deslegitimar y vilipendiar un Israel que en su mente nunca dejó de lucir su estrella amarilla."

La lucha de Israel, aunque el mundo no quiera aceptarla, es la lucha del mundo.

En su libro 'Proyecto de investigación sobre terrorismo (IPT)', la investigadora principal Abigail R. Esman, escritora independiente radicada en Nueva York y los Países Bajos, analizó profundamente el BDS en el que se centra al revisar un "mensaje mordaz". Y a lo largo de "Artistas bajo fuego, De manera similar, Melman arranca la máscara al movimiento BDS, a sus organizadores y a sus seguidores, exponiendo no sólo su hipocresía sino su verdadera intención: "El BDS no busca educar", escribe, "busca intimidar".

Y sí, esa intimidación hace más que simplemente amenazar las vidas y el bienestar de los artistas, varios de los cuales –incluida la cantante Lana del Rey– se han retirado de sus presentaciones en Israel por temor a su seguridad. Representa una amenaza política y cultural más grave. "La amenaza a la libertad de expresión en cualquier lugar es una amenaza a esa libertad en todas partes", afirma Melman. "BDS está creando un manual para la represión de la expresión artística en sociedades democráticas. El mundo mira hacia otro lado ante un gran peligro."*

El BDS tiene que ver con el odio; Los judíos los odian y los privan de la cultura, la música y la ciencia. Y aunque Melman se centra en los artistas intérpretes (particularmente músicos como el activista antiisraelí Roger Waters de Pink Floyd y Patti Smith), la censura y el boicot a Israel van más allá. Otros artistas cuyas posturas antiisraelíes y pro-BDS han motivado su activismo antisemita incluyen al grafitero Banksy, la actriz Susan Sarando3n, las escritoras Alice Walker, Sally Rooney y más.

El abogado y columnista del Times of Israel, Craig Emanuel, ha escrito: "Las acciones tomadas por el movimiento BDS y organizaciones similares no son sólo una amenaza a la colaboración de artistas y animadores internacionales. También crean obstáculos entre personas de diferentes culturas que comparten algo en común y que quieren poder participar en debates abiertos y honestos sobre diferencias culturales, políticas e incluso religiosas que pueden conducir a la posibilidad de comprender mejor cuestiones que con frecuencia se malinterpretan."

Henry Levy comenta irónicamente que "tal vez el objetivo sea presionar a Israel para que concluya un acuerdo de paz con los palestinos, lo que seguramente merece un pequeño acuerdo con Qatar". Uno de los beligerantes, y es decir, en lugar de fortalecer la posición de muchos israelíes que favorecen la negociación, impone un castigo colectivo en forma de exclusión de la comunidad de naciones".

Afirma la investigadora Abigail R. Esman, escritora independiente.

"Sin esa comprensión, ¿cómo pueden las sociedades seguir prosperando? "Martin Luther King, Jr. soñó que algún día sus hijos serían juzgados no por el color de su piel sino por el contenido de su carácter", escribe Melman. "Quizás si estuviera vivo ahora, soñaría con el día en que los artistas israelíes serían juzgados no por la portada de su pasaporte sino por sus contribuciones al mundo".

En conclusión, para el profesor Kantor, "La síntesis concreta de todo el movimiento antisemita es contra los judíos del mundo, un esfuerzo por deslegitimar y socavar la capacidad de Israel para crecer y desarrollarse adecuadamente, que es el BDS, un intento infame de destruir el estado judío

Las Naciones Unidas, tradicional ultracrítica de Israel, afirmaron que existe un vínculo entre el BDS y el antisemitismo. El embajador de Israel ante la ONU, Danny Danon, comentó que "damos la bienvenida a la publicación de este informe sin precedentes sobre el tema del antisemitismo. El informe refleja el cambio organizativo hacia Israel. La afirmación de que el movimiento BDS fomenta el antisemitismo es una declaración importante de la ONU. Como he dicho muchas veces, el antisemitismo no tiene lugar en nuestra sociedad y debe ser denunciado en todas partes y desde todas las plataformas".

El informe, "Combatir el antisemitismo para eliminar la discriminación y la intolerancia basadas en la religión o las creencias", publicado por el Relator Especial sobre la libertad de religión o creencias, Ahmed Shaheed, define el antisemitismo como un fenómeno global, que no se limita en gran medida a los Estados Unidos. y Europa, como ha sido el caso en muchos informes anteriores de la ONU. El Relator Especial reconoce que las fuentes del antisemitismo son variadas y provienen de la extrema derecha, de miembros de grupos islamistas radicales y de la izquierda política.

El informe identifica la violencia, la discriminación y las expresiones de hostilidad motivadas por el odio a los judíos como un obstáculo grave para el disfrute del derecho a la libertad de religión o de creencias. Expresa "seria preocupación porque la frecuencia de los incidentes antisemitas parece estar aumentando en magnitud y porque la prevalencia de actitudes antisemitas y el riesgo de violencia contra personas y sitios judíos parecen ser significativos, incluso en países con poca o ninguna población judía".

Además, el informe "señala las afirmaciones de que los objetivos, actividades y efectos del movimiento de Boicot y Sanciones a la Desinversión (BDS) son fundamentalmente antisemitas".

La controversia en torno a la postura del movimiento BDS sobre Israel y sus conexiones con la retórica del antisemitismo es motivo de gran preocupación. Si bien el movimiento afirma defender los derechos de los palestinos y oponerse a la ocupación israelí de los territorios más allá de la Línea Verde, hay casos en los que los partidarios y líderes del BDS han expresado opiniones que pueden verse como antisemitismo.

Se expresan perspectivas. Existe una amplia gama de medios de comunicación nacionales e internacionales que operan en el país.

La naturaleza democrática de Israel también se refleja en su compromiso de proteger los derechos de las comunidades minoritarias. Los ciudadanos árabe-israelíes, que representan alrededor del 20% de la población, tienen derecho a votar, ocupar cargos públicos y practicar libremente su religión. Sin embargo, existen debates y preocupaciones en curso sobre la inclusión social, económica y política de los árabes israelíes y otros grupos minoritarios, incluido el reconocimiento de sus derechos culturales.

También existen debates sobre los derechos civiles y el pluralismo religioso dentro de la sociedad israelí. Cuestiones como el papel de la religión en la esfera pública, incluida la relación entre Estado y religión y los derechos de los movimientos judíos no ortodoxos y otras comunidades religiosas, son temas de debates y tensiones constantes. Saltar:

Una de las principales críticas al movimiento BDS es su falta de reconocimiento del derecho del pueblo judío a tener su propio Estado. Este es un aspecto fundamental del conflicto palestino-israelí, y cualquier movimiento u organización que no reconozca este derecho socava las perspectivas de una paz duradera en la región. Es importante distinguir entre la oposición a las políticas israelíes, como la ocupación, y la oposición a la existencia del propio Israel. El movimiento BDS es a menudo criticado por desdibujar esta distinción y no ofrecer una visión clara para una solución pacífica y equitativa al conflicto.

Además, ha habido casos en los que los partidarios y líderes del BDS se han involucrado en una retórica antisemitismo. Esto es profundamente preocupante y debería ser condenado por cualquiera que defienda la justicia y la igualdad. El antisemitismo tiene una historia larga y trágica, y es esencial enfrentar y combatir todas las formas de discriminación y prejuicio, incluido el antisemitismo.

El Congreso Judío Mundial ha aplaudido los esfuerzos por arrojar luz sobre estas cuestiones y espera que la publicación del informe impulse a las Naciones Unidas y sus estados miembros a tomar medidas concretas contra el aumento del antisemitismo en todo el mundo. La preocupación expresada por el Congreso Judío Mundial refleja el sentimiento compartido entre muchos que reconocen la necesidad de abordar el antisemitismo y garantizar que se avancen los intereses a largo plazo tanto de israelíes como de palestinos.

El fracaso del movimiento BDS a la hora de reconocer el derecho del pueblo judío a un Estado, su postura ambigua sobre la existencia de Israel y los casos de retórica antisemitismo inaceptable por parte de algunos de sus partidarios y líderes han generado serias preocupaciones. Es importante alentar el diálogo abierto y el compromiso constructivo para trabajar hacia una resolución pacífica del conflicto palestino-israelí, pero es igualmente importante enfrentar y rechazar cualquier forma de antisemitismo que socave las perspectivas de paz y justicia en la región. La realidad nos está enseñando que el movimiento BDS no es un promotor de la paz.

El liderazgo de Michal Koch ha obtenido un resultado extraordinario. La investigación y la evidencia proporcionadas en el informe para detener el antisemitismo permitieron llegar a conclusiones que son relevantes ahora más que nunca considerando el fuerte aumento del antisemitismo en todo el mundo. Las siguientes son las conclusiones del trabajo de stopni semitism:

1. La campaña de deslegitimación contra Israel y su vehículo de acción social conocido como Movimiento BDS radicaliza la crítica legítima a Israel, convirtiéndola en deslegitimación y, en última instancia, en antisemitismo.

2. La campaña de deslegitimación y el movimiento BDS participan y perpetúan el antisemitismo abierto porque su razón de ser, el antisionismo (es decir, el desmantelamiento del Estado democrático moderno que es la patria judía), es antisemita en esencia, según la IHRA. definición práctica de antisemitismo y de hecho.

3. El vacío legal de que el antisionismo no se defina explícitamente como una forma de antisemitismo debe cerrarse incorporando la definición de trabajo de la IHRA en todas las leyes antidiscriminatorias federales y estatales.

4. Uno de los testimonios más poderosos del hecho de que la campaña de deslegitimación es parcialmente responsable de alimentar el aumento del antisemitismo actual es la alianza intelectual y filosófica cada vez más pública entre el movimiento BDS, en gran medida progresista, y la red neofascista y supremacista blanca a nivel internacional.

5. Los mensajes, imágenes y propaganda difundidos por la campaña de deslegitimación son, a su vez, tomados prestados y promovidos por foros, líderes y extremistas neonazis y de derecha radical que contribuyen a la radicalización de las sociedades democráticas bajo la apariencia de una campaña de derechos humanos y presentan una amenaza a una mayor erosión de los valores occidentales en las sociedades democráticas abiertas.

La existencia de Israel fortalece a las organizaciones judías y condena el movimiento BDS como una "manifestación de antisemitismo"

Las organizaciones judías ya comprenden los riesgos. Aun así, el BDS es la cara fea de esta cara riesgosa del antisemitismo. Un buen ejemplo del enfoque general de la mayoría de las organizaciones judías fue la Asamblea Plenaria extraordinaria del Congreso Judío Mundial (CJM) en Buenos Aires, celebrada el 16 de marzo de 2016. Asistieron* más de 400 delegados y observadores de 67 comunidades judías, el miércoles votaron por unanimidad para permitir que el presidente del WJC, Ronald S. Lauder, se presente a un tercer mandato consecutivo como presidente del WJC, según lo estipulado en la constitución del

WJC.

En un discurso de apertura ante la asamblea, Lauder destacó los desafíos que enfrentan hoy el pueblo judío y el Estado de Israel.

Lauder declaró que había que afrontar enérgicamente el antisemitismo y los antisemitas dondequiera y cuando fuera que se manifestaran. "El pueblo judío no va a desaparecer. Somos pocos en número (solo 15 millones en todo el mundo) pero somos personas brillantes e innovadoras. Es tarea del Congreso Judío Mundial aprovechar esa brillantez".

Lauder también dijo que el WJC lucharía contra el movimiento antiisraelí BDS y acusó a las Naciones Unidas de no estar a la altura de sus ideales y estatutos y de haberse convertido en un "pozo negro de antisemitismo".

Israel es una realidad, y por eso Lauder afirma "responderemos a las mentiras en Internet y en los medios con la verdad. Recuerde un hecho importante: no somos los judíos de la década de 1930. Tenemos influencia; tenemos un gran poder, tenemos tremendos recursos y hemos creado aquello que es la envidia del mundo. Tengo la intención de utilizar todo lo que tenemos en nuestro arsenal y no me quedaré en silencio.

La Asamblea Plenaria también adoptó una resolución que "considera que el movimiento de Boicot, Desinversión y Sanciones (BDS), y todos los demás intentos de deslegitimar al Estado de Israel, son manifestaciones de discriminación por antisemitismo contra el único país verdaderamente democrático de Oriente Medio. y perjudicial para cualquier esfuerzo genuino por la paz en la región".

Existe una enorme preocupación en las comunidades judías de todo el mundo. *El CJM considera "especialmente perniciosos los esfuerzos por discriminar y deslegitimar al Estado de Israel en los campus universitarios, incluido el boicot a los académicos y académicos israelíes", y condena " aquellos que deliberadamente buscan impedir la cooperación económica, académica y cultural, y obstruir las oportunidades económicas globales, israelíes y palestinas.

Lauder aplaude a los países y líderes comunitarios que "han tomado medidas concretas para condenar el BDS, o para reconocer la naturaleza discriminatoria del BDS y otras formas de actividades ilegales contra el Estado de Israel".

El Congreso Judío Mundial es el organismo representativo de más de 100 comunidades judías en todo el mundo y no sorprende que condene el BDS. Aún así, incluso la organización judía ultraizquierdista Judíos por la Paz, que critica duramente a Israel, describió al BDS como un socio no legítimo, "

La política de J Street está escrita en su página web.

1) No defendemos ni apoyamos ninguna iniciativa de boicot, desinversión o sanciones de ningún tipo.

2) J Street siempre se ha opuesto y sigue oponiéndose al Movimiento Global BDS

J Street aboga por una solución de dos Estados y un futuro seguro, judío y democrático para Israel. El Movimiento Global BDS no apoya la solución de dos Estados,

La negación del Holocausto es una faceta destacada de la ideología antisemita de extrema derecha. Según Lipstadt (2019), quienes niegan el Holocausto a menudo comparten una profunda admiración e identificación con los valores nacionalsocialistas de la era del Tercer Reich, que incluyen el antisemitismo, el racismo y el uso de símbolos antisemitas. Estos individuos se califican a sí mismos de "revisionistas", pero en realidad son "lobos con piel de oveja" que buscan justificar y perpetuar las ideologías extremistas del régimen nazi (p. 131).

Algunos grupos de extrema derecha también adoptan conceptos de la ideología nazi para sus propósitos actuales. Términos como "sangre y suelo" (Blut & Boden) y "comunidad del pueblo" (Volksgemeinschaft), junto con el concepto de base étnica de "folk" (Volk), se incorporan a su discurso (Salzborn, 2018). Salzborn (2018) sostiene que la noción de Volksgemeinschaft, con su enfoque en la homogeneidad étnica y la coerción opresiva contra aquellos excluidos de ella, contrasta marcadamente con el término más inclusivo y heterogéneo de "sociedad" (págs. 76-77). Otro concepto adoptado por la extrema derecha es la noción de "el gran reemplazo", que postula que las razas "no blancas" están desplazando a la "raza blanca" en sus países de origen (Beirich & Via, 2020, p. 6; Cosentino, 2020).

Para avanzar, es fundamental que la sociedad siga esforzándose por lograr la educación, el diálogo y la comprensión, fomentando un entorno donde el odio y la intolerancia no tengan cabida. Si nos unimos para condenar los prejuicios y promover la inclusión, podemos trabajar por un mundo más tolerante y unido. El movimiento se puede observar incluso dentro de la comunidad judía. El Consejo Judío de Asuntos Públicos (JCPA) organizó una reunión Zoom en 2020 para la coalición llamada Judíos por la Reforma de la Justicia Penal, que incluía a destacados activistas judíos de la justicia penal. Sin embargo, durante esta reunión, se hizo evidente que cierto segmento de la comunidad judía estaba adoptando una perspectiva preocupante. Por ejemplo, Ariella, una joven profesional de una organización judía de derechos civiles, enfatizó la necesidad de reconocer la supuesta complicidad de la comunidad judía en la supremacía blanca y de priorizar la inclusión de los judíos negros en sus esfuerzos. Esta narrativa divisiva interna revela aún más los desafíos que enfrentan los judíos dentro de su propia comunidad. En su libro recientemente publicado, "Woke Antisemitismo", David L. Bernstein, presidente del Consejo Judío para Asuntos Públicos (JCPA), de tendencia izquierdista, profundiza en su propia experiencia y comprensión de que la ideología progresista a menudo se niega a ver a los judíos como algo más que opresores. Se espera que los judíos se autoflagelen, proclamando perpetuamente sus propios pecados imaginados. Esta realidad subraya la necesidad de abordar el aumento del antisemitismo consciente dentro de los círculos progresistas.

Alemania, con su dolorosa historia marcada por las atrocidades nazis, está trabajando para asegurarse de estar en el lado correcto de la historia. El país guarda un vívido recuerdo de cuando los nazis instaron a los gentiles a no comprar productos de los judíos, lo que finalmente condujo al robo, el desplazamiento y la matanza de seis millones de judíos. Es vital que otras naciones también enfrenten el antisemitismo y actúen en consecuencia.

En conclusión, la alarmante alineación entre el movimiento BDS, las ideologías de extrema derecha y el movimiento nazi requiere atención y acción urgentes. Es crucial combatir colectivamente el antisemitismo, defender los principios de los derechos humanos y garantizar un mundo inclusivo, tolerante y libre de odio.

Israel: Doble trato al Estado judío

se utiliza para propagar discursos de odio y teorías de conspiración dirigidas a los judíos (StopAntisemitism.org, s.f.).

'Aplicar dobles estándares al exigir de Israel un comportamiento que no se espera ni se exige de ninguna otra nación democrática;'

'Usar los símbolos e imágenes asociados con el antisemitismo clásico (por ejemplo, afirmaciones de que los judíos mataron a Jesús o libelo de sangre) para caracterizar a Israel o a los israelíes'

"Haciendo comparaciones de la política israelí contemporánea con la de los nazis".

'Hacer a los judíos colectivamente responsables de las acciones del Estado de Israel.[53][54]'

En una cuestión clave, 'el EUMC añadió que las críticas a Israel no pueden considerarse antisemitismo siempre que sean "similares a las dirigidas contra cualquier otra entrada de moneda".

'Negar al pueblo judío el derecho a la autodeterminación, por ejemplo, afirmando que la existencia de un Estado de Israel es un esfuerzo racista;'

El profesor Kantor comenta a Jono: "El antisemitismo tiene

muchas formas diferentes de manifestarse, lamentablemente, eso todavía sucede, y una forma popular de ser reconocido como un antisemita activo es ser un claro luchador contra el Estado judío".

Respecto a la lucha contra el BDS, la edición del 26 de junio de 2009 del New York Times afirmó correctamente: "En general, también ha habido mucho menos rechazo político al BDS en Europa que en Estados Unidos, en parte porque los judíos en Europa son menos y están menos organizados". "Los países europeos tienen leyes estrictas contra la discriminación que harían oficial la adhesión al BDS".

A lo largo de la historia, la comunidad judía ha enfrentado discriminación y odio en diversas formas, desde estereotipos tradicionales hasta movimientos más modernos como el movimiento BDS. Es crucial reconocer los peligros del antisemitismo y adoptar una postura contra él para crear una sociedad más inclusiva y tolerante para todos.

El antisemitismo tiene una historia larga y preocupante, en la que los judíos han sido atacados y perseguidos durante siglos. Desde la Inquisición española hasta el Holocausto, el pueblo judío ha soportado sufrimientos inimaginables a manos de quienes intentaron demonizarlo y deshumanizarlo. A pesar de los avances que se han logrado en términos de igualdad y derechos humanos, el antisemitismo continúa asomando su fea cara en diversas formas.

Una de las manifestaciones más recientes de antisemitismo es el movimiento BDS, que afirma ser una protesta pacífica contra las políticas israelíes, pero a menudo cruza la línea de la discriminación abierta contra personas y empresas judías. Al atacar empresas, eventos culturales e individuos de propiedad judía únicamente por su identidad judía, el movimiento BDS perpetúa estereotipos dañinos y alimenta el odio hacia la comunidad judía.

Las tácticas y objetivos del movimiento BDS han generado comparaciones con los nazis, ya que buscan aislar y deslegitimar al Estado de Israel y a sus partidarios. Esta forma de discriminación no sólo es cobarde sino también peligrosa, ya que puede conducir a la violencia y a una mayor marginación de la comunidad judía. Países de todo el mundo han visto un aumento de amenazas y ataques contra comunidades judías debido a la influencia del movimiento BDS, lo que destaca la urgente necesidad de denunciar y enfrentar esta forma de antisemitismo.

Depende de cada uno de nosotros desafiar y confrontar el antisemitismo dondequiera que surja, ya sea en forma de estereotipos tradicionales o de movimientos modernos como el movimiento

BDS. Al enfrentarnos a la discriminación y educar a otros sobre sus peligros, podemos trabajar por una sociedad más inclusiva y tolerante para todos. El antisemitismo no tiene lugar en nuestro mundo y es esencial que trabajemos juntos para erradicar esta sombra oscura que ha azotado al pueblo judío durante demasiado tiempo.

En conclusión, la historia del antisemitismo sirve como un crudo recordatorio de los peligros de la discriminación y el odio. Es imperativo que reconozcamos y enfrentemos esta peligrosa forma de prejuicio para crear una sociedad más justa y equitativa para todos. Trabajemos juntos para desafiar y denunciar el antisemitismo en todas sus formas y luchar por un mundo donde todas las personas sean tratadas con dignidad y respeto, independientemente de sus orígenes o creencias.

VI. BIBLIOGRAFÍA

1 Saltar a ab Kastenbauer, Raimund

(2020). "Antisemitismo islámico: judíos en el Corán, reflejos de

Antisemitismo europeo, antisionismo político: códigos comunes y diferencias".

Lange, Armin; Mayerhofer, Kerstin; Porat, Dina; Schiffman, Lawrence H. (eds.).

¡El fin del antisemitismo! – Volumen 2: Enfrentando el antisemitismo desde

Perspectivas del cristianismo, el islam y el judaísmo. Berlín y Boston: De Gruyter.

págs.100-1 100–1 279–300. doi:10.1515/ 9783110671773-018. ISBN 9783110671773.

2. Saltar abcd "Anual USCIRF 2020
Informe: "Aumento del antisemitismo en Europa y otros lugares" (PDF).
Uscirf.gov. Washington, D.C.: Comisión de Asuntos Internacionales de los Estados Unidos
Libertad religiosa. Abril de 2020. págs. 87–88. Archivado (PDF) desde el original en

28 de abril de 2020. Consultado el 30 de septiembre de 2020.

3. Manfred Gerstenfeld, Las raíces profundas de

Antisemitismo en la sociedad europea. Revisión de estudios políticos judíos 17:1–2 Primavera

4. Taguieff, Pierre-André. Saliendo de la basura:

El nuevo antisemitismo en Europa. Iván R. Dee, 2004.

5. Cohen, Florette (septiembre de 2011). El nuevo
Modelo de antisemitismo de Israel: pruebas empíricas. BiblioBazaar. ISBN

978-1-243-56139-8.

6. Klug, Brian. El mito del nuevo antisemitismo. El
Nation, publicado el 15 de enero de 2004 (edición del 2 de febrero de 2004), consultado el 9 de enero de
2006; y Lerner, Michael. No hay nuevo antisemitismo, publica-

do el 5 de febrero de

2007, consultado el 6 de febrero de 2007.

7. Pierre-André Taguieff cita lo siguiente temprano
obras sobre el nuevo antisemitismo: Jacques Givet, ¿La izquierda contra Israel? Ensayo
sobre el neoantisemitismo, París 1968; uno, "Contra cierto
Izquierda, "Les Nouveaux Cahiers, núm. 13 y 14, primavera-verano de 1968, págs. 116-119;
Léon Poliakov, Del antisionismo al antisemitismo, París 1969; Samuel
Ettinger, "El personaje Contemporáneo Contemporáneo mitismo", Dispersión
y Unit, núm. 14, 1975, págs. 141 a 157; y Michael Curtis, ed., Antisemitismo en
El Modern World, Boulder, 1986. Todos citados en Pierre-André Taguieff. Creciente
from the Muck: El nuevo antisemitismo en Europa. Ivan R. Dee, 2004, pág. 159-160,

nota a pie de página 1.

8. Taguieff, Pierre André. Saliendo del fango:

El nuevo antisemitismo en Europa. Ivan R. Dee, 2004, pág. 62.

9. Congreso quincenal, Congreso Judío Americano,

vol. 40, números 2 a 14, 1973, pág. xxvi

10. Forster, Arnold y Epstein, Benjamin, El nuevo Antisemitismo. McGraw-Hill 1974, p.165. Véanse, por ejemplo, los capítulos titulados "El camino de Gerald Smith" (19–48), "La derecha radical" (285-296), "Árabes y pro árabes" (155-174), "El radical

Izquierda" (125-154)

11. Forster, Arnold y Epstein, Benjamin, El nuevo

Antisemitismo. McGraw-Hill 1974, pág. 324.

12. Raab, conde. "¿Hay una nueva

¿Antisemitismo?", Comentario, mayo de 1974, págs. 53–54.

13.Brownfeld, Allan (1987). "Antisemitismo: Su significado cambiante". Revista de Estudios Palestinos. Instituto de Estudios palestinos. 16 (3): 53–67. doi:10.2307/2536789. ISSN 1533-8614. JSTOR

2536789.

14. Edward S. Shapiro. Un tiempo de curación: americano Los judíos desde la Segunda Guerra Mundial. Prensa de la Universidad Johns Hopkins. 1992.ISBN 0-8018-4347-2. Página

47.

15. Wistrich, Robert. "El antisionismo como
Expresión de antisemitismo en los últimos años" Archivado el 12 de mayo de 2017 en el
Wayback Machine, conferencia pronunciada en el Círculo de Estudios sobre la Judería Mundial en el

Casa del Presidente de Israel, 10 de diciembre de 1984.

16. Chomsky, Noam. "TRANSCRIPCIÓN de Amy Goodman

entrevista con Noam Chomsky". ¡Democracia ahora!. Consultado el 19 de mayo de 2016.

17. Irwin Cotler citó a Dershowitz, Alan. El caso por

Israel. John Wiley e hijos, 2003, pág. 210-211.

18. Saltar a a b Irwin Cotler, Haciendo el mundo

'Judenstaat Rein'[enlace muerto permanente], The Jerusalem Post, 22 de febrero de 2009.

19. David Sheen, "MP canadiense Cotler: Llamando
Israel, un estado de apartheid, puede ser una libertad de expresión legítima", Haaretz, 1 de julio

2011. Consultado el 7 de julio de 2011.

20. Fischel, Jack R. "El nuevo antisemitismo",

The Virginia Quarterly Review, verano de 2005, págs.

21. Saltar a:ab Strauss, Mark. "El antiglobalismo
Problema judío" en Rosenbaum, Ron (ed). Aquellos que olvidan el pasado: El

Cuestión del antisemitismo, Random House 2004, p.272.

22. Tembarai Krishnamachari, Rajesh. "localizado
"Motivaciones para el antisemitismo dentro de la Ummah" en el análisis del sur de Asia.

Group, Documento 5907, abril de 2015.

23. Taguieff, Pierre-André. Resurgiendo del fango: el

Nuevo antisemitismo en Europa. Ivan R. Dee, 2004, págs. 67–68.

24. Saltar a: a b c Klug, Brian. "En busca de
claridad" Archivado el 27 de septiembre de 2007 en Wayback Machine, Catalyst, 17 de marzo de

2006.

25. Saltar a:a b Klug, Brian. El mito de lo nuevo

Antisemitismo. La Nación, 2 de febrero de 2004, consultado el 9 de enero de 2006.

26. Klug, Brian. Israel, el antisemitismo y la izquierda

Archivado el 23 de octubre de 2006 en Wayback Machine, Red Pepper, 24 de noviembre de 2005.

27. Buen hombre, Amy. "¡Finkelstein en DN! No hay novedades

Antisemitismo" Archivado el 15 de noviembre de 2006 en Wayback Machine, entrevista con

Norman Finkelstein, 29 de agosto de 2006.

28. "¿Qué hay de nuevo? Repensar lo 'nuevo'

Antisemitismo 'en una era global" (PDF). Archivado desde el original (PDF) en

2013-03-27.

29. "Comentarios en el B'nai B'rith 2011

Conferencia de Política Internacional ". 2 de diciembre de 2012. Consultado el 11 de junio de 2018.

30. Cohen, Florette (septiembre de 2011). El nuevo

Modelo de antisemitismo de Israel: pruebas empíricas. BiblioBazaar. ISBN

978-1-243-56139-8.

31. Raab, conde. "Antisemitismo, antiisraelismo,

antiamericanismo", Judaísmo, otoño de 2002.

32. Cremallerastein, Steven. "Reflexiones históricas of Contemporary Anti-Semitism" en Derek J. Penslar et al., ed., Antisemitismo contemporáneo: Canadá y el mundo, Toronto: Universidad de

Prensa de Toronto, 2005, pág. 61.

33. Finkelstein, normando. Más allá del descaro: sobre el mal uso del antisemitismo y el abuso de la historia, University of California Press,

2005, págs. 21-22.

34. Finkelstein, normando. Más allá del descaro: sobre el mal uso del antisemitismo y el abuso de la historia, University of California Press,

2005, pág. 66–71.

35. Finkelstein, normando. Más allá del descaro: sobre el mal uso del antisemitismo y el abuso de la historia, University of Cali-

fornia Press,

2005, pág. 37.

36. Finkelstein, normando. Más allá del descaro: sobre el mal uso

del antisemitismo y el abuso de la historia, University of California Press,

2005, pág. 81.

37. Finkelstein, normando. Más allá del descaro: sobre el mal uso

del antisemitismo y el abuso de la historia, University of California Press,

2005, pág. 66.

38. Finkelstein, normando. Más allá del descaro: sobre el mal uso

del antisemitismo y el abuso de la historia, University of California Press,

2005, págs. 78–79.

39. Ali, Tariq (1 de mayo de 2018). Años de lucha callejera: una Autobiografía de los años sesenta. Libros en verso. pág. 43. ISBN 978-1-78663-602-7 - vía

Libros de Google.

40. Julius, Anthony (9 de febrero de 2012). ensayos de la Diáspora: una historia de antisemitismo en Inglaterra. Prensa de la Universidad de Oxford. pág.

525. ISBN 978-0-19-960072-4 - a través de Google Books.

41. Saltar de Lewis, Bernard. "El nuevo Antisemitismo" Archivado el 8 de septiembre de 2011 en la Wayback Machine, The American Scholar, Volumen 75 No. 1, invierno de 2006, págs. El documento se basa en una

conferencia pronunciada en la Universidad Brandeis el 24 de marzo de 2004.

42. Saltar a a b Tzvi Fleischer (mayo de 2007).

"El renacimiento del odio". Revisión de Australia/Israel. AIJAC.

43. Fulford, Robert (15 de agosto de 2009). "Cuando Criticar a Israel se convierte en un ritual". nationalpost.com. Archivado desde el

original el 12 de septiembre de 2012. Consultado el 15 de agosto de 2009.

44. Antony Lerman, "Los judíos estaban atacando

Judíos", Ha'aretz, 12 de septiembre de 2008, consultado el 13 de septiembre de 2008.

45. Beaumont, Pedro. "El nuevo

¿Antisemitismo?", The Observer, 17 de febrero de 2002.

46. Saltar a a b Pelinka, Antón; et al. (2009).
Manual de prejuicios. El capítulo de Werner Bergmann. Prensa de Cambria.

páginas. 56. ISBN 978-1-60497-627-4.

47. Schama, Simon (19 de febrero de 2016). "La izquierda
El problema con los judíos tiene una historia larga y miserable." Financial Times.

Consultado el 26 de febrero de 2016.

48. Hirsh, David (30 de noviembre de 2006). "Abiertamente

Abrazando el prejuicio". The Guardian. Consultado el 6 de marzo de 2016.

49. Julio, Antonio (2010). Juicios de la diáspora: A
Historia del antisemitismo en Inglaterra. Prensa de la Universidad de Oxford. pág. 476.ISBN

978-0-19-929705-4.

50. Johnson, Alan (otoño de 2015). "La izquierda y la

Judíos: es hora de repensar". Fathom. Consultado el 26 de febrero de 2001.

51. Saltar a a b "Informe del Departamento de Estado (EE. UU.)
on Antisemitismo: Europa y Eurasia", extraído de un artículo más extenso,

que cubre el período del 1 de julio de 2003 al 15 de diciembre de 2004.

52. Queja, Michael. "Avances en la lucha
Contra el antisemitismo en Europa: la Declaración de Berlín y la Unión Europea
Observatorio del Racismo y la Xenofobia Definición operativa de
Antisemitismo", Post-Holocausto y antisemitismo, Centro de Jerusalén para

Asuntos Públicos, 1 de febrero de 2006.

53. Saltar a un

b
tp://eumc.eu.int/eumc/material/pub/AS/AS-Working Definition-draft.pdf
"Definición práctica de antisemitismo" Archivado el 25 de enero de 2011 en el

Wayback Machine, EUMC.

54. "Definición práctica de antisemitismo" (PDF). Agencia de los Derechos Fundamentales de la Unión Europea. Archivado desde el original

(PDF) el 4 de marzo de 2011. Consultado el 23 de julio de 2017.

55. "SWC a la baronesa Ashton de la UE:" Regresar Documento de definición de antisemitismo en el sitio web de la Agencia de Derechos Fundamentales de la UE" | Centro Simon Wiesenthal." Wiesenthal.com. 2013-11-06. Archivado desde el

original el 1 de marzo de 2016. Consultado el 17 de febrero de 2016.

56. "La UE abandona su 'definición de trabajo' de

antisemitismo ". Times of Israel. Consultado el 24 de enero de 2014.

57. "Preocupación francesa por los ataques raciales", BBC

Noticias, octubre de 2004.

58. "Francia: libertad religiosa internacional

Informe 2005", Departamento de Estado de Estados

Unidos.

59. Rufin, Jean-Christophe. “Construcción sobre la lucha contra el racismo y el antisemitismo" Archivado el 27 de marzo de 2009 en Wayback

Machine, presentado al Ministerio del Interior francés, 19 de octubre de 2004.

60. Bryant, Isabel. "Francia afectada por una nueva

informe sobre antisemitismo", United Press International, 20 de octubre de 2004.

61. "Rabino principal del Reino Unido Jonathan Sacks:" El nuevo

El antisemitismo es un virus"

62. "Informe de la investigación parlamentaria de todos los partidos

into Antisemitismo" Archivado el 22 de agosto de 2013 en la Wayback Machine, septiembre

2006, pág. 1.

63. Temko, Ned. "Los críticos de Israel 'alimentan'

odio a los judíos británicos", The Observer, 3 de febrero de 2006.

64. Los parlamentarios entregan un informe sobre antisemitismo, BBC News,

6 de septiembre de 2006.

65. "Informe de la investigación parlamentaria de todos los partidos

into Antisemitismo" Archivado el 22 de agosto de 2013 en la Wayback Machine, septiembre

2006, pág. 22.

66. Anuncio del Foro, 18 de noviembre de 2001.

67. "Antisemitismo en las Naciones Unidas", ONU

Watch, febrero de 1998 (publicado originalmente en diciembre de 1997), consultado el 6 de marzo de

2005.

68. Summers, Lawrence H. Discurso en las oraciones de la mañana

Archivado el 10 de octubre de 2004 en Wayback Machine, el 17 de septiembre de 2002. En el sitio de

Universidad de Harvard, consultado el 9 de enero de 2006.

69. Matas, David. Antisionismo y antisemitismo.

Prensa de Dundurn, Toronto. 129–144.

70. La Cámara aprueba las Naciones Unidas bipartidistas de Chabot

Enmienda de reforma, 17 de junio de 2005. Consultado el 6 de marzo de 2006.

71. Bayefsky, Ana. Un pequeño paso, Wall Street Journal

Artículo de opinión, 21 de junio de 2004, consultado el 9 de enero de 2006.

72. Rickman, Gregg J. (2008). "Global contemporáneo

antisemitismo" (PDF). USD. Consultado el 27 de marzo de 2008.

73. Comisión de Derechos Civiles de Estados Unidos, Campus

Antisemitismo (2006) en 72.

74. Ídem.

75. "ISGAP". isgap.org.
metro

76. "Yale crea un centro para estudiar
Anti-Semitism", Associated Press, 19 de septiembre de 2006; ver también Kaplan,

Edward H. & Small, Charles A. "El sentimiento antiisraelí predice

antisemitismo en Europa", Journal of Conflict Resolution, Vol 50, No. 4,

548–561, agosto de 2006.

77. "El debate académico y público sobre la

Significado del 'nuevo antisemitismo'".

78. Saltar abcdefgh Strauss, Mark (noviembre

12, 2003). "El problema judío del antiglobalismo". La política exterior.

Archivado desde el original el 12 de marzo de 2013.

79. Oded Grajew, "Debate sobre el antisemitismo"

[carta], Foreign Policy, 1 de marzo de 2004, p. 4.

80. Maude Barlow, "Debate sobre el antisemitismo"

[carta], Foreign Policy, 1 de marzo de 2004, p. 4.

81. John Cavanagh, "Debate sobre el antisemitismo"

[carta], Foreign Policy, 1 de marzo de 2004, pág. 4.

82. Mark Strauss, "Debate sobre el antisemitismo"

[carta], Foreign Policy, 1 de marzo de 2004, p. 4.

83. Walter Laq*eur (2006): El rostro cambiante de Antisemitismo: desde la antigüedad hasta la actualidad. Prensa de la Universidad de Oxford,

2006 ISBN 0-19-530429-2 pág.186

84. Summers, 7. "Discurso en las oraciones de la mañana",

Oficina del Presidente, Universidad de Harvard, 17 de septiembre de 2002.

85. Bergmann, Werner y Wetzel, Juliane. ["Manifestaciones de antisemitismo en la Unión Europea" (PDF). Archivado del original (PDF) el 15 de abril de 2005. (751 KB), Centro de Investigación sobre

Antisemitismo, Universidad Técnica de Berlín, marzo de 2003.

86. Saltar a b "Antisemitismo global

Report", Departamento de Estado de Estados Unidos, 5 de enero de 2005.

87. Saltar a

Gerstenfeld, Manfred. "Algo está podrido en el Estado de Europa": el antisemitismo como patología de la civilización. Una entrevista con Robert Wistrich", Post-Holocausto y Antisemitismo, Institute for Global

Asuntos Judíos en el Centro de Asuntos Públicos de Jerusalén, 1 de octubre de 2004.

88. Saltar a b "Francia" Archivado 2012-11-19 en Wayback Machine, Instituto Stephen Roth para el Estudio de

Antisemitismo y Racismo, Universidad de Tel Aviv, 2003.

89. Joffe, Josef. "Naciones que amamos odiar: Israel, Estados Unidos y el nuevo antisemitismo" Archivado el 9 de septiembre de 2006 en el Wayback Machine, Artículos de Posen sobre el antisemitismo contemporáneo, No.1, Vidal Centro Sassoon para el Estudio del Antisemitismo, Universidad Hebrea de Jerusalén,

2004, pág.9.

90. Joffe, Josef. "Naciones que amamos odiar: Israel, Estados Unidos y el nuevo antisemitismo" Archivado el 9 de septiembre de 2006 en el Wayback Machine, Artículos de Posen sobre el antisemitismo contemporáneo, No.1, Vidal Centro Sassoon para el Estudio del Antisemitismo, Universi-

dad Hebrea de Jerusalén,

2004, pág.12.

91. Clark, David. "Las acusaciones de antisemitismo

chic son un matón intelectual venenoso", The Guardian, 6 de marzo de 2006.

92. Saltar a abc Las, Calle. "¿Por qué nadie quiere ¿Dicen que son judíos?" Archivado el 14 de junio de 2009 en Wayback Machine Adbusters

Revista, marzo/abril de 2004

93. Raynes-Goldie, Kate. "Acoso racial: Adbusters' La lista de neoconservadores judíos es el último giro wako en la nueva versión de la revista de izquierda" Archivado el 18 de octubre de 2007 en Wayback Machine, Now Toronto.com, 18 de marzo de 2004 –

24 de marzo de 2004.

94. Saltar a a b Raynes-Goldie, Kate, " Race-baiting Archivado el 18 de octubre de 2007 en la Wayback Machine ", ahora

Revista, marzo 18024, 2004

95. Saltar a a b c d e Monnot, Caroline &

Ternisiano, Xavier. Caroline Monnot y Xavier Ternisien. “Tariq Ramadán

acusado de antisemitismo" Archivado el 5 de octubre de 2008 en la Wayback Machine, The

Mundo, 10 de octubre de 2003.

96. Saltar a a b Klein, Naomi (26 de abril de 2002).

"La mejor arma de Sharon: la izquierda debe enfrentarse frontalmente al antisemitismo".

En estos tiempos. Archivado desde el original el 22 de agosto de 2006.

97. "Judeofobia", Nuevo Internacionalista,

Octubre de 2004.

98. Adam Ma'an, "Un equilibrio humano", Nuevo

Internacionalista, octubre de 2004, n.º 372. Archivado el 2 de mayo de 2015 en Wayback Machine.

99. Asma Agbarieh, "Difundiendo la mancha", Nuevo

Internacionalista, octubre de 2004, #372

http://www.cicweb.ca/scene/2010/04/speech-by-spanish-activist-pilar-rahola-the-struggle-of

Qué peligroso es esto y cuánto daño ha causado ya el BDS

De hecho, resulta ser peor de lo que piensas.

100 El león enfermo y los zorros - Zaliasnik, Gabriel - IS-BN
https://isbnchile.cl › catálogo
· Traduzca esta página

Libros · Apuntes de una constituyente - Squella Narducci, Agustín · Los Díaz del Carmen - Díaz Tapia, Herman Guillermo; Díaz Tapia, Rubén

El Salvador;

101 Author: GABRIEL ZALIASNIK - La Tercera
https://www.latercera.com ›autor› g...
· Traduzca esta página

Columnas de Voces de Gabriel Zaliasnik: El último vagón · Gabriel

Zaliasnik. 30 mayo 2022
. Columna de Voces de Gabriel Zaliasnik: Trampa (o carambola)...

102
Columna de Gabriel Zaliasnik: El último vagón - La Tercera
https://www.latercera.com ›noticias

· Traduzca esta página

30 de mayo de 2022 — Por Gabriel Zaliasnik, profesor de Derecho Penal,

Facultad de Derecho, Universidad de Chile. La magnitud de la crisis política y de orden

público...

103 Gabriel Zaliasnik en Twitter: "Mi columna de este

semana en...
https://mobile.twitter.com >estado
· Trans

Gabriel, en Argentina está el escándalo del avión porque

Recordaron las investigaciones del Fiscal Nisman, ahora cuidado que Boric y

Varios miembros de la FA son...

104 Gabriel Zaliasnik en Twitter: "Les comparto "La

simulacro", yo...
https://twitter.com >zaliasnik > estado
· Traduzca esta página

Conversation ; Natalia González · @natigonzalez_b · Excellent

columna ; Gabriel Zaliasnik · @gzaliasnik · Gracias Natalia. Alemán

105 cepa chilena - Gabriel Zaliasnik - Facultad de Derecho
http://derecho.uchile.cl › cepa-chilena...
· Traduzca esta página

"Cepa chilena" - Gabriel Zaliasnik. columna de opinión del profesor del Departamento de Ciencias Penales, publicado en La Tercera el

29 de diciembre...

106 Slam Door - Gabriel Zaliasnik - Facultad de Derecho
http://www.derecho.uchile.cl › porto...
· Traduzca esta página
columna de
· Traduzca esta página

30 de junio de 2022 - ANTISEMITISMO: LA PANDEMIA ACTUAL...

INFORME SOBRE EL ANTISEMITISMO EN INTERNET EN 2021. CLAUDIO EPELMAN.

116 Más de 200 funcionarios latinoamericanos se reunirán en...
https://www.infobae.com › 2022/07/05
· Traduzca esta página

Hace 5 días — Claudio Epelman, Director Ejecutivo del Congreso

Los judíos latinoamericanos... en el Foro Latinoamericano de Combate

Antisemitismo.

117 El antisemitismo es un problema de todos - Clarín
https://www.clarin.com › Opinión
· Traduzca esta página

17 de noviembre de 2019 — Liliana Segre, senadora vitalicia y sobreviviente

del Holocausto, en la Universidad Bocconi. Foto EFE/ EPA. Claudio Epelman.

118 Buenos Aires será sede del Foro Latinoamericano fdds2fs, del

año de ...
https://www.swissinfo.ch › spa › latina...

119 15 jun 2022 — ... la sede de la segunda edición del Foro Campaña Latinoamericana de Lucha contra el Antisemitismo,... Claudio Epelman, en un

declaración 7 yeg,7e=la institución.
xxx sexto
120 Ronald S Lauder - Congreso Judío Mundial

https://www.worldjewishcongress.org › acerca de › Presidente

Como presidente del WJC, el Embajador Lauder se reúne periódicamente con

jefes de estado, primeros ministros y representantes gubernamentales para discutir y

causas anticipadas de...

Congreso Judío Mundial
https://www.worldjewishcongress.org ›...

"Como el asesinato de mi buen amigo el Primer Ministro israelí

Yitzhak Rabin, el asesinato sin sentido del ex Primer Ministro Abe es un recordatorio

del ...

121 Ronald Lauder | Los tiempos de Israel

https://www.timesofisrael.com ›tema› ronald-lauder

Noticias de Israel, Medio Oriente y el mundo judío.

122 ¡Odio a los judíos! -El jefe del WJC, Ronald Lauder, llama antisemitismo...

https://www.jpost.com › Diáspora › Antisemitismo

1 de abril de 2022: el presidente del Congreso Judío Mundial, Ronald S. Lauder, es

visto dirigiéndose a la Conferencia del Jerusalem Post en Londres, el 31 de marzo de 2022. (foto

Crédito: MARC...

123 Foro Judío de Kiev 2020 - congreso - The Jerusalem Post
https://congress.jpost.com ›jcu2020

Lauder, el enviado especial de Estados Unidos para el seguimiento y la lucha

Antisemitismo Elan Carr, el rabino Lord Jonathan Sacks, el director ejecutivo de la American

Comité Judío David...

124 Ronald S. Lauder - Los New York Times
https://www.nytimes.com › tema › persona › ronald-s-la...

Noticias sobre Ronald S. Lauder, incluidos comentarios y archivos

Artículos publicados en The New York Times.

El presidente del WJC, Ronald S. Lauder, se dirige a 2022 ... - YouTube
https://www.youtube.com ›ver

1 de abril de 2022: discurso del presidente del WJC, Ronald S.

Lauder

participantes en la conferencia Jerusalem Post 2022 el jueves 31 de marzo a

discutir el levantamiento ..

125 artículos de David Harris | AJC - Comité Judío Americano
https://www.ajc.org ›artículos› david-harris

Lo que podría haber parecido inimaginable para muchos judíos estadounidenses hace sólo un

pocos hace años se ha vuelto ahora demasiado frecuente. Anti-israelí, antisionista y

antisemita...

126 Testimonios sobre el antisemitismo en Europa
https://www.foreign.senate.gov ›descargar› letras...
PDF

Antisemitismo en Europa por. David A. Harris. Director ejecutivo.

El Comité Judío Americano. Presentado al. Comité del Senado de los Estados Unidos

en el extranjero...

127 David Harris | Los tiempos de Israel
https://www.timesofisrael.com ›tema› david-harris

David Harris. Un vídeo producido por el Comité Judío Americano.

que pretende disipar los mitos antisemitas. 8 de febrero de 2021, 20:48 horas.

128 reflexiones finales y llamado a la acción del director ejecutivo del AJC, David Harris

https://www.youtube.com ›ver

9 de junio de 2021 — En el Foro Global Virtual 2021 del AJC, los asistentes escucharon

un inspirador llamado a la acción del director ejecutivo de AJC, David Harris, quien destacó varios

asuntos urgentes ...

129 Europa no puede luchar contra el antisemitismo ignorando las amenazas a

Israel
https://www.politico.eu ›artículo ›europa-no-puede-luchar-hormiga...

14 de diciembre de 2020: David Harris es el director ejecutivo de American Jewish

Comité (AJC). Twitter en @DavidHarrisAJC. Querida Unión Europea, tenemos que

hablar de un importante...

130 David Harris: 'Es hora de despertar y ver la amenaza

claramente'
https://www.dw.com >david-harris-es-hora-de-despertar...

11 de octubre de 2019: Alemania, como varios otros países europeos,
Subestimó durante mucho tiempo el peligro para los judíos, advierte el director ejecutivo del Comité Judío Estadounidense

David Harris.

131 Ensayo que vincula a los judíos liberales y el antisemitismo provoca furor

https://www.nytimes.com › 2007/01/31 › artes

31 de enero de 2007 — El Comité Judío Estadounidense ha suscitado recientemente
agrio debate al publicar un ensayo que sostiene que los judíos liberales están alimentando a un

aumentando en ...

133 Conferencia estratégica del AJC: Llamado a la acción por David Harris del AJC

https://transatlanticinstitute.org ›videos› ajc-strategy-c...

Bruselas – 14 de junio de 2022 – El Instituto Transatlántico

AJC es

consternado por el hecho de que la UE no haya condicionado al menos parte de sus 214 millones de euros

financiación anual para el...

134 Foro Judío de Kiev 2020 - congreso - The Jerusalem Post
https://congress.jpost.com ›jcu2020

... Enviado Especial para el seguimiento y la lucha contra el antisemitismo

Elan Carr, el rabino Lord Jonathan Sacks, director ejecutivo del Comité Judío Estadounidense

David Harris,...

134 It Martin Kramer, "En las palabras de Martín Lutero King", en Martin Kramer, La guerra contra el error: Israel, el Islam y el Oriente Medio.

Este (New Brunswick, Nueva Jersey: Transaction, 2016), 253-67.

135

https://www.bcn.cl/laborparlamentaria/wsgi/consulta/verParticipacion.py?idParticipacion=809096:

Los vídeos en los que Navarro admite que promueve una ley contra los ciudadanos

Chilean-Israeli - El Líbero -

https://ellibero.cl/actualidad/los-videos-en-que-navarro-admite-que-impulsa-ley-contra-ciudadanos-chileno-israeli/[7/11,

136

https://www.bcn.cl/laborparlamentaria/wsgi/consulta/verParticipacion.py?idParticipacion=809096

137 Los vídeos en los que Navarro admite que está impulsando una ley contra
Chilean-Israeli citizens - El Líbero -

https://ellibero.cl/actualidad/los-videos-en-que-navarro-admite-que-impulsa-ley-contra-ciudadanos-chileno-israeli/

138

https://www.clevelandjewishnews.com/jns/wiesenthal-center-releases-list-of-2020-s-10-worst-anti-semitic-incidents/article_902b2328-8902-5165-8766-d32a50bf9ebd.html

139

https://shomerisrael.org/2021/05/12/la-legitima-defensa-de-israel/
140

https://www.fdd.org/analysis/2020/1/20/war-by-other-means/*/

141
Diario judío.

El Centro Wiesenthal publica una lista de los 10 peores de 2020

Los incidentes antisemitas aparecieron por primera vez en UNA.org.

142

https://m.jpost.com/opinion/article-704531/amp

143

https://israelbehindthenews.com/2021/12/20/nuevo-presidente-de-chile-openly-hostile-to-israel/

144

Una visión general del antisemitismo contemporáneo

Adi Kantor 1 | 27 de enero de 2022

145'La hazaña del cerdo'; Marco Aguini

146 Enciclopedia//////////* Judaica.

JE, S.V. Antisemitismo; EJ, S.V. Antisemitismo; Dubnow, Weltgesch, 10 (1929), 121 y passim; I. Schipper (ed.), La historia del comercio.

Judíos en tierras polacas (1937); Elbogen, Siglo, 639–44; H.G.

Reissner, en: Jubilee Volume... Curt C. Silberman (1
147

un informe que da más detalles sobre la relación

entre la Alemania nazi y el Islam.

148

https://www.biobiochile.cl/noticias/2015/08/30/diputados-clausuran-de-manera-simbolica-la-sede-de-padechi.shtml****

149

https://www.warhistoryonline.com/war-articles/nazi-commander-walter-rauff-escaped-justice-for-the-extermination-of-100000-people-he-died-a-free-man-in-1984.html?cromo=1

https://www.elpais.com.uy/opinion/columnistas/martin-aguirre/boric-romance-hipocresia.html

El nuevo presidente de Chile es un acérrimo crítico de Israel, cuya victoria ha

muchos judíos locales están preocupados | Los tiempos de Israel

151.

SAYS OBSERVACIONES SELECCIONES
Las raíces del problema del antisemitismo en Irlanda

ELEGIR
ENE. 3 2022

En mayo, la cámara baja del parlamento irlandés votó
por unanimidad para presentar una moción para respaldar el boicot, la desinversión y
sancionar a Israel (BDS), siguiendo lo que Lawrence Franklin describe como "una
avalancha de diatribas vituperantes anti israelíes y antisemitas" por parte de varios
parlamentarios. Un proyecto de ley simultáneo para expulsar a los diplomáticos israelíes no logró aprobarse.
pero obtuvo el apoyo de un tercio de los miembros de la cámara. como franklin
Como explica, estos votos reflejan poderosos sentimientos anti israelíes y antijudíos.

en la vida pública de Irlanda:

Sinn Fein, el partido socialista democrático que más ganó
votos [de primera preferencia] en las elecciones parlamentarias de Irlanda de 2020, ha sido
encabezar la orientación cada vez más antiisraelí de la política exterior irlandesa
política. Desafortunadamente, prácticamente no ha habido reacción por parte de Irlanda.
público en general o instituciones de la sociedad civil. Esta falta de apoyo a Israel

es preocupante, ya que gran parte de la retórica y las críticas propalestinas a Israel

no sólo son injustos sino que se han transformado en un antisemitismo flagrante. . . . Uno

La legisladora Catherine Connolly planteó el tema antisemita del "judío

supremacía."

[Pero] hay poca evidencia de que la mayor parte de la ciudadanía irlandesa

apoya este ataque perjudicial contra Israel, y mucho menos el venenoso

retórica antijudía. . . . En Irlanda, el odio a los judíos no surge del

público en general, pero parece claramente impulsado desde arriba hacia abajo. Estos tipos de Goebbels

Los ataques contra Israel incluyeron salvas de varios miembros del parlamento del Sinn Fein.

Uno de ellos, Martin Browne, representa a Tipperary y afirma, falsamente, que

Israel creó el Estado Islámico. Otro, Matt Carthy, en representación de Cavan-Monaghan,

ha declarado que Israel es el peor violador de los derechos humanos en la tierra, presumiblemente

eclipsando a China, Corea del Norte, Venezuela e Irán.

Referencias

Asserson, Trevor y Williams, Cassie. "La BBC y la

Medio Oriente", BBC Watch, consultado el 20 de agosto de 2006.

Barkun, Michael. Una cultura de conspiración, Universidad de

Prensa de California, 2003; esta edición 2006

• Bauer, Yehuda. "Problemas de la contemporaneidad Antisemitismo" (PDF). Archivado desde el original (PDF) el 5 de julio de 2003.

Consultado el 11 de enero de 2008. Conferencia ante el Departamento de Estudios Judíos de la

Universidad de California, Santa Cruz, 2003, obtenido el 22 de abril de 2006.

• Baxter, Sara. "Mujeres en guerra", El

Sunday Times, 13 de agosto de 2006, obtenido el 13 de enero de 2008.

• Bayefsky, Ana. Un pequeño paso, Wall Street

Diario, 21 de junio de 2004, obtenido el 9 de enero de 2006.

• Beaumont, Pedro. "El nuevo ¿Antisemitismo?", '"The Observer, 17 de febrero de 2002, obtenido en enero.

13, 2008.

• Berlet, Chip. "ZOG se comió mi cerebro", nuevo

Internacionalista, octubre de 2004.

• Berlet, Chip. "La derecha corteja a la izquierda"

Publiceye.org, 20 de diciembre de 1990; revisado el 22 de febrero de 1994; revisado nuevamente en 1999.

• Cabina, Jenny. "Oona King revela burlas 'yid'

durante las elecciones", The Times, 11 de mayo de 2005.

• Brownfeld, Allan (1987). "Antisemitismo: su
Cambiando de significado". Revista de Estudios Palestinos. Instituto para Palestina

Estudios. 16 (3): 53–67. doi:10.2307/2536789. ISSN 1533-8614. JSTOR 2536789.

• Bryant, Elizabeth. "Francia afectada por una nueva

informe sobre antisemitismo", United Press International, 20 de octubre de 2004.

• Cambios, Jerónimo. "Ensayo de revisión: ¿Qué es
¿"Lo nuevo" – y lo que no es - sobre el nuevo antisemitismo?", judío

Revisión de estudios políticos 16:1–2 (primavera de 2004).

· Chesler, Phyllis El nuevo antisemitismo: el
La crisis actual y lo que debemos hacer al respecto, Jossey-Bass, 2003. ISBN

0-7879-7803-5

· Conger, George. "Los parlamentarios del Reino Unido encuentran un gran avance

antisemitismo"[enlace muerto permanente], The Jerusalem Post, 5 de septiembre de 2006.

· Curtis, Polly. "Los funcionarios judíos del NUS dimiten

sobre la disputa por el antisemitismo", The Guardian, 12 de abril de 2005.

· Dershowitz, Alan. El caso de Israel, John Wiley

& Sons, 2003, edición de bolsillo 2004. ISBN 0-471-67952-6

· Doward, Jamie. Los judíos predicen un nivel récord de odio

ataques", The Guardian, 8 de agosto de 2004.

· Dickter, Adán. Temor por las prohibiciones kosher europeas

Revista judía mundial, julio de 2002.

• Endelman, Todd M. "Antisemitismo* en Occidente
Europa hoy" en Antisemitismo contemporáneo: Canadá y el mundo.

Prensa de la Universidad de Toronto, 2005.

• Finkelstein, normando. Más allá del descaro: sobre el
Uso indebido del antisemitismo y abuso de la historia. Berkeley y Los Ángeles:

Prensa de la Universidad de California, 2005.

• Fischel, Jack. "El nuevo antisemitismo",

The Virginia Quarterly Review, verano de 2005, págs.

• Fischel, Jack. El antisemitismo resurge,

A mitad de camino, 1 de febrero de 2004.

• Fischel, Jack. "Las teorías de la conspiración como

Comida reconfortante", The Forward, 29 de marzo de 2002.

• Forster, Arnold y Epstein, Benjamin, Lo nuevo

Antisemitismo. McGraw-Hill 1974. ISBN 0-07-021615-0

• Foxman, Abraham H. ¿Nunca más? La amenaza de lo nuevo Antisemitismo. Nueva York: Harper SanFrancisco (una huella de HarperCollins),

2003. ISBN 0-06-054246-2 (10); ISBN 978-0-06-054246-7 (13).

• Buen hombre, Amy. "¡Finkelstein en DN! No hay novedades

Antisemitismo", entrevista con Norman Finkelstein, 29 de agosto de 2006.

• Harrison, Bernardo. El resurgimiento de Antisemitismo: judíos, Israel y la opinión liberal. Rowman & Littlefield,

2006. 0742552276

• Lleví, Ezra. "David Duke en Siria: sionistas Occupy Washington, NY, and London", Arutz Sheva, 29 de noviembre de 2005; ver un

Clip de la entrevista de David Duke en Siria.

• Halkin, Hillel. "El regreso de

Antisemitismo", comentario, febrero de 2002.

• Hodgson, Jessica. "El editor se disculpa por

Furor por la 'conspiración kosher'", The Guardian, 7 de febrero de 2002.

• Ioanid, Radu. Prólogo en Taguieff, Pierre André.

Saliendo del fango: el nuevo antisemitismo en Europa. Iván R. Dee, 2004.

• Jaffe, Ben-Sion. "El gran judío en el campus: el

Obsesión judía", Blog Central del Jerusalem Post, 11 de diciembre de 2005.

• Kaplan, Edward H. y Small, Charles A.
"El sentimiento antiisraelí predice el antisemitismo en Europa", Journal of

Resolución de conflictos, vol 50, núm. 4, 548–561, agosto de 2006.

• Kinsella, Warren. El nuevo antisemitismo, recuperado

5 de marzo de 2006.

• Klug, Brian. El mito del nuevo antisemitismo. El

Nation, publicado el 15 de enero de 2004; Número del 2 de febrero de 2004.

• Klug, Brian. Israelí, el antisemitismo y la izquierda,

Pimiento Rojo, 24 de noviembre de 2005.

• Klug, Brian. "En busca de claridad",

Catalizador, 17 de marzo de 2006.

• Landas, Ricardo. "Michael Lerner interviene,

Inquietantemente", Augean Stables, 5 de febrero de 2007.

• Lázaro, Daniel. "El Pueblo Elegido", El

Nación, 19 de diciembre de 2005.

• Lerman, Tony. "Reflejando la realidad de
Diversidad judía", The Guardian: Comment is Free, 6 de febrero de 2007,

Consultado el 11 de agosto de 2007.

• Lerner, Michael. No hay un nuevo antisemitismo

publicado el 5 de febrero de 2007, consultado el 6 de febrero de 2007.

• Lewis, Bernardo. "El nuevo antisemitismo",
The American Scholar, Volumen 75 No. 1, invierno de 2006,

págs. el papel es

Basado en una conferencia pronunciada en la Universidad Brandeis el 24 de marzo de 2004.

- Liddle, Rod. "¿Cuántas islas tiene

¿España quiere?", The Guardian, 17 de julio de 2002.

- Lipstadt, Débora. Negar el Holocausto: el

Creciente asalto a la verdad y la memoria. Pingüino 1994.

- Kenneth L. Marcus, Jurisprudencia de la Nueva Antisemitismo, Wake Forest Law Review, vol. 44, 2009. Disponible en SSRN:

http://ssrn.com/abstract=1376592

- Matas, David. Antisionismo y antisemitismo.

Prensa Dundurn, Toronto, 2005

- Prager, Dennis y Telushkin, Joseph. Por Qué el

¿Judíos? Las razones del antisemitismo. Simón y Schuster, 2003.

• Miguel, Jorge. El enemigo de mi enemigo: El Alarmante convergencia entre el Islam militante y la extrema derecha. Prensa universitaria

de Kansas, 2006. ISBN 0-7006-1444-3

• Moor Meister, Robyn. "Sobreviviente del Holocausto organiza conferencia de la UCSC sobre antisemitismo", Santa Cruz Sentinel, 2 de mayo,

2003.

• Morse, Jane A. "La tragedia del World Trade Center

Hits All Nationalities", 14 de septiembre de 2001.

• Paz, Reuven. "Holocausto palestino

Negación", Washington Institute Peace Watch, No. 255, 21 de abril de 2000.

• Raab, conde. "¿Hay una nueva

¿Antisemitismo?", Comentario, mayo de 1974, págs. 53–54.

• Raab, conde. "Antisemitismo, antiisraelismo,

antiamericanismo", Judaísmo, otoño de 2002.

• Radler, Melissa. "Disturbios antisemitas en San

Universidad Estatal Francisco", The Jerusalem Post, 16 de mayo de 2002.

• Reeves, Phil. "En medio de las ruinas, lo espantoso

evidencia de un crimen de guerra", The Independent, 16 de abril de 2002.

• Reinach, Salomon & Simmonds, Florencia.

Orfeo: una historia general de las religiones, G. P. Putnam & Sons, 1909.

• Rosenbaum, Ron. (ed) Aquellos que olvidan el pasado:

La cuestión del antisemitismo. Casa aleatoria, 2004. ISBN 0-8129-7203-1

• Rubin, Daniel. (ed.) Antisemitismo y sionismo:

Escritos marxistas seleccionados. Editores internacionales, 1987, pág. 35.

• Rufin, Jean-Christophe. Sitio de construcción en la lucha contra el racismo y el antisemitismo, Ministerio del Interior, Francia. Octubre

19, 2004.

• Sacos, Jonathan. "El nuevo

Antisemitismo", Ha'aretz, 6 de septiembre de 2002.

• Dijo Eduardo. "Una desolación y la llamaron
Paz", en Rosenbaum, Ron. Aquellos que olvidan el pasado: la cuestión de

Antisemitismo. Casa aleatoria, 2004.

• Schoenfeld, Gabriel. El regreso del antisemitismo.

Libros de encuentro, 2004.

• Bien, Dennis. "¿Una conspiración kosher?",

Nuevo estadista, 14 de enero de 2002.

• Strauss, Marcos. "Los judíos del antiglobalismo
Problema" en Rosenbaum, Ron (ed.). Aquellos que olvidan el pasado: la pregunta.

del antisemitismo, Random House 2004.

• Stillwell, Canela. "El legado de SFSU de
Intolerancia", San Francisco Chronicle, 14 de diciembre de 2004, obtenido

12 de enero de 2008.

• Strauss, Marcos. "Los judíos del antiglobalismo Problema" en Rosenbaum, Ron (ed.). Aquellos que olvidan el pasado: la pregunta.

del antisemitismo, Random House 2004.

• Summers, Lawrence H. "Discurso de la mañana

oraciones", 17 de septiembre de 2002, obtenido el 9 de enero de 2006.

• Taguieff, Pierre-André. Resurgiendo del fango: el Nuevo antisemitismo en Europa. Ivan R. Dee, 2002. ISBN 1-56663-571-3 (publicado en Francia como La nueva judeofobia.Ediciones Mil y una noches. ISBN

2-84205-650-7).

• Temko, Ned. "Los críticos de Israel 'alimentan'

odio a los judíos británicos", The Observer, 3 de febrero de 2006.

• Quejas, Michael. "Avances en la lucha Contra el antisemitismo en Europa: la Declaración de Berlín y la Unión Europea Observatorio del Racismo y la Xenofobia Definición operativa de Antisemitismo", Post-Holocausto y Antisemitismo, Centro de

Jerusalén para

Asuntos Públicos, 1 de febrero de 2006.

· Viena, Jon. "Dando descaro nuevo

Significado", La Nación, 11 de julio de 2005.

· Wilby, Pedro. El nuevo estadista y el antisemitismo.

El nuevo estadista. Consultado en febrero de 2002, consultado el 8 de febrero de 2008.

-

· Wistrich, Robert. "El antisionismo como
Expresión del antisemitismo en los últimos años", conferencia pronunciada en el
Círculo de estudios sobre los judíos del mundo en la casa del Presidente de Israel, diciembre

10, 1984.

· Wurmbrand, Max y Roth, Cecil. El judío

Gente: 4000 años de supervivencia, pag. 403 y passim. Massah-P. EC Press, 1966.

· Zipperstein, Steven J. "Histórico
Reflexiones sobre el antisemitismo contemporáneo", en Derek

J. Penslar et al.,

ed., Antisemitismo contemporáneo: Canadá y el mundo. Toronto: Universidad de

Prensa de Toronto, 2005.

• Zoloth, Laurie. "Miedo y asco en San Francisco State" en Rosenbaum, Ron. Los que olvidan el pasado. Aleatorio

Casa, 2004.

• Zuckerman, Mortimer B. "Graffiti en la historia Walls", U.S. News and World Report. 11 de marzo de 2003, obtenido el 12 de enero de

2008.

• Swartz, Barney y Morton, Adam. "Un impío

alianza", The Age, 4 de septiembre de 2006.

• Informe Anual 2004 sobre las actividades de la comisionado parlamentario para los derechos de las minorías nacionales y étnicas,

Unión Europea, 2004.

• 2004 Fideicomiso de Seguridad Comunitaria Antisemita

Informe de Incidencias.

• "Francia desconecta la red árabe", BBC

Noticias, 14 de diciembre de 2004.

• "'El antisemitismo no tendrá cabida entre

Nosotros', dice Powell", publicado el 29 de abril de 2004. Departamento de Estado de Estados Unidos.

• "El Manifiesto de Euston" Archivado

20 de abril de 2008 en Wayback Machine, Londres, 29 de marzo de 2006.

• "El supremacista blanco estadounidense David Duke:
Israel hace que el Estado nazi parezca muy moderado", entrevista con David Duke
en la televisión siria, el Instituto de Investigación de Medios de Medio Oriente (MEMRI),
25 de noviembre de 2005. Un fragmento de la entrevista y el discurso de Duke en un mitin en Siria.

se puede ver aquí [1].

• "La arquitectura del fanatismo", política

Despacho, no. 80, Instituto del Congreso Judío Mundial, junio de 2002.

• CÁMARA, "¿Puede cambiar la BBC?", CÁMARA,

26 de julio de 2004.

• "Informe del Parlamento de todos los partidos

Investigación sobre el antisemitismo", 7 de septiembre de 2006.

• "8 de diciembre de 2003", Ver, recuperado

27 de agosto de 2006.

• "Escena de una 'manifestación por la paz'", BackSpin

Blog de Honest Reporting, 4 de diciembre de 2003.

• Resolución 3379 de la Asamblea General de las Naciones Unidas,

10 de noviembre de 1975, obtenido el 13 de enero de 2008.

• "El Manifiesto de Euston" Archivado

2008-04-20 en Wayback Machine, 29 de marzo de 2006.

• "Informe del Departamento de Estado (de EE.UU.) sobre Antisemitismo: Europa y Eurasia", 15 de diciembre de 2004;

véase Global

Ley de revisión del antisemitismo de 2004.

· "Preocupación francesa por los ataques raciales", BBC

Noticias, octubre de 2004.

· "Los parlamentarios entregan un informe sobre anti-semitismo", BBC

Noticias, 6 de septiembre de 2006.

· "Antisemitismo en las Naciones Unidas",
UNWatch, febrero de 1998, publicado originalmente en diciembre de 1997, obtenido el 6 de marzo de

2005.

· La Cámara aprueba las Naciones Unidas bipartidistas de Chabot

Enmienda de reforma, 17 de junio de 2005, obtenido el 6
de marzo de 2006.

· "Definición práctica de antisemitismo",

EUMC.

• "Antisemitismo: una visión resumida del
situación en la Unión Europea, 2001-2005 (documento de trabajo)", European

Observatorio del Racismo y la Xenofobia, mayo de 2006.

• "Yale crea centro para estudiar

Antisemitismo", Associated Press, 19 de septiembre de 2006.

• Arnold Forster y Benjamin Epstein, Lo nuevo
Antisemitismo. McGraw-Hill 1974, pág. 165. Véanse, por ejemplo, los capítulos titulados
"El camino de Gerald Smith" (19–48), "La derecha radical"
(285-296), "Árabes y pro árabes" (155-174), "El radical

Izquierda" (125-154).

• Wistrich, Robert. "El antisionismo como
Expresión del antisemitismo en los últimos años", conferencia pronunciada en el
Círculo de estudio sobre los judíos del mundo en la casa del Presidente de Israel,

10 de diciembre de 1984.

• Chesler, Phyllis. El nuevo antisemitismo: el
La crisis actual y lo que debemos hacer al respecto, Jossey-Bass, 2003, págs. 158-159,

181.

• Doward, Jamie. Los judíos predicen un nivel récord de odio ataques: Medios islámicos militantes acusados de provocar una nueva ola de

Antisemitismo, The Guardian, 8 de agosto de 2004.

• Kinsella, Warren. El nuevo antisemitismo, consultado

5 de marzo de 2006.

• Sacos, Jonathan. "El nuevo

Antisemitismo", Ha'aretz, 6 de septiembre de 2002, consultado el 10 de enero de 2007.

• Strauss, Marcos. "Los judíos del antiglobalismo Problema" en Rosenbaum, Ron (ed.). Aquellos que olvidan el pasado: la pregunta.

del antisemitismo, Random House 2004, pág. 272.

• Endelman, Todd M. "El antisemitismo en Occidente Europa hoy" en Antisemitismo contemporáneo: Canadá y el mundo.

Prensa de la Universidad de Toronto, 2005, págs. 65–79.

• Rosenbaum, Ron. Los que olvidan el pasado. Aleatorio

Casa, 2004.

- Taguieff, Pierre-André. Resurgiendo del fango: el Nuevo antisemitismo en Europa. Iván R. Dee, 2004.

Lectura adicional

- Aarónovich, David. "El nuevo Antisemitismo", The Observer, 22 de junio de 2003.
- Abram, Morris B. Antisemitismo en los Estados Unidos Naciones
- Arenson, David y Grynberg, Simon. Antiglobalización y nuevo antisemitismo.
- Avneri, Uri. Antisemitismo: un manual práctico, Gush Shalom.
- Bayefsky, Ana. "La ONU y los judíos", Revista de comentarios, febrero de 2004.
- Berger, Luciana. "Por qué tuve que dimitir",

El guardián, 15 de abril de 2005

• Bergmann, Werner y Wetzel, Julie. "Manifestaciones del antisemitismo en la Unión Europea " (PDF). Archivado desde el original.

(PDF) el 15 de abril de 2005. (751 KB), Centro de Investigación sobre el Antisemitismo de Berlín, Berlín

Universidad Técnica.

• Bourne, Jenny. "Antisemitismo o

¿Anticrítica?", Raza y clase, Vol. 46, 2004.

• Burchill, Julie. "El odio que avergüenza

nosotros", The Guardian, 6 de diciembre de 2003.

• Chittenden, Mauricio. "El boicot de los Dons aumenta

Miedo de los estudiantes judíos", The Sunday Times, 17 de abril de 2005

• Chomsky, Noam. "Ilusiones necesarias".
Archivado desde el original el 13 de septiembre de 2002. Consultado el 9 de enero de 2006.

Consultado el 9 de enero de 2006.

• Cohen, Ben. "La persistencia del antisemitismo

on the British Left" Revisión de estudios políticos judíos 16:3–4 a través de

Centro de Asuntos Públicos de Jerusalén, otoño de 2004.

• Cohen, Nick. "La guerra de una mujer:

antisemitismo", New Statesman, 10 de octubre de 2005.

• Cohen, Nick. "Siguiendo el East End de Mosley

pasos", The Observer, 17 de abril de 2005

• Cocinero, Jonatán. "El 'nuevo antisemitismo' y

Guerra Nuclear", antiwar.com, 25 de septiembre de 2006.

• Cooper, Abraham. SWC: "El Independiente
Caricatura de Sharon siguiendo la tradición de 'Der Stürmer' y evocando 'Blood Libel'

Canard", 30 de enero de 2003.

• Cotler, Irwin. "Identificando lo nuevo

Antisemitismo", Instituto de Planificación de Políticas del Pueblo Judío, noviembre de 2002.

• Cotler, Irwin. Los derechos humanos y lo nuevo

Antijudaísmo: hacer sonar la alarma

· Curthoys, Ned. "Un nuevo antisemitismo: el americano
El discurso desde el 11 de septiembre ha visto una reinvención del eterno
tesis del antisemitismo aplicada a los críticos de Israel", Revista Arena, abril

1, 2004.

· Cenastein, Leonard. "¿Hay algo nuevo?
¿Antisemitismo en los Estados Unidos?" Society, 41 (enero/febrero de 2004),

53–58.

· Endelman, Todd M. "El antisemitismo en Occidente
Europa hoy" en Antisemitismo contemporáneo: Canadá y el mundo.

Prensa de la Universidad de Toronto, 2005.

· Evans, Harold. "La vista desde el suelo
Zero", en Rosenbaum, Ron (ed). Aquellos que olvidan el pasado: la cuestión de

Antisemitismo, Random House 2004.

· Foxman, Abraham H. Desdibujando la línea, Ha'aretz,

4 de abril de 2004.

· Gerstenfeld, Manfred. "Anti Israelismo y Antisemitismo: características y motivos comunes" Estudios políticos judíos

Revisión 19:1–2 Centro de Asuntos Públicos de Jerusalén, 1 de marzo de 2007.

· Gerstenfeld, Manfred. "Algo está podrido en "El estado de Europa: el antisemitismo como patología de la civilización", un

Entrevista con Robert S. Wistrich, 1 de octubre de 2004.

· Gerstenfeld, Manfred. "Gran antisemita Motivos de las caricaturas árabes: una entrevista con Joël Kotek", Post-Holocausto y

Antisemitismo, No. 21, Centro de Asuntos Públicos de Jerusalén, 1 de junio de 2004.

· Gerstenfeld, Manfred. Los mitos que se desmoronan en Europa: Los orígenes del antisemitismo actual después del Holocausto, Centro de Jerusalén para

Asuntos Públicos/Yad Vashem/Congreso Judío Mundial, 2003. ISBN 965-218-045-9.

- Gerstenfeld, Manfred. "El boicot académico

Against Israel", Revisión de estudios políticos judíos 15:3–4 (otoño de 2003).

- Gerstenfeld, Manfred. "Motivos antisemitas en

Anti-Israelismo", Post-Holocaust and Anti-Semitism, núm. 2, 1 de noviembre de 2002.

- Gitlin, Todd. "La bestia ruda regresa"

por Rosenbaum, Ron. Los que olvidan el pasado. Casa aleatoria, 2004.

- Goldenberg, Suzanne. "El boicot israelí divide

académicos", The Guardian, 8 de julio de 2002.

- Gordon, Neve. "Ver a través del 'nuevo' "Antisemitismo": Norman Finkelstein critica el historial de derechos humanos de Israel y

Alan Dershowitz lo defiende", National Catholic Reporter, 14 de octubre,

2005.

- Conceder, Linda. "El odio que no

morir", The Guardian, 18 de diciembre de 2001.

· Greenspan, Miriam. (Noviembre-diciembre de 2003). "El nuevo

Antisemitismo". Tikún 18:6. p. 33.

· Gross, To Leningrad rad: Lo que dicen los medios británicos Said", en Rosenbaum, Ron (ed.). Aquellos que olvidan el pasado: la cuestión de

Antisemitismo, Random House 2004.

· Harris, Ben. "¿Antisemitismo 'progresista'?

SF Meet considera fenómeno", JTA, 23 de enero de 2006.

· Horowitz, Craig. "El regreso de

Antisemitismo", Revista York.

· David Hirsh, escribiendo sobre el antisemitismo contemporáneo

en el sitio web Comment Is Free del tutor

· Iganski, Paul y Kosmin, Barry. (ed.) Nuevo Extremismo europeo: odiar a Estados Unidos, Israel y los judíos. Libros de perfil

Limitado, 2006. ISBN 1-86197-792-1

· Iganski, Paul y Kosmin, Barry. (eds) Una nueva ¿Antisemitismo? Debate sobre la judeofobia en la Gran Bretaña del siglo XXI, libros de perfiles

Limitado, 2003. ISBN 1-86197-651-8

· Jonás, George. "Antisemitas pragmáticos"

Correo Nacional, 27 de octubre de 2003.

· Joffe, Josef. "Naciones que amamos odiar: Israel, Estados Unidos y el nuevo antisemitismo", Posen Papers en Contemporary

Antisemitismo, No.1, Centro Vidal Sassoon para el Estudio del Antisemitismo, 2004.

· Kaye/Kantrowitz, Melanie. "Algunas notas sobre Antisemitismo desde una perspectiva judía progresista", Corrientes judías,

Marzo de 2007.

· Cometa, Melissa. "Los laboristas deberían haber contraatacado sobre inmigración, dice la novia de Euan Blair"[enlace muerto], The Telegraph,

17 de abril de 2005.

• Klein, Noemí. "La mejor arma de Sharon",

2 de mayo de 2002.

• Klug, Brian. "El judío colectivo: Israel y "El nuevo antisemitismo", utilizado como recurso por el EUMC en su informe

Manifestaciones de antisemitismo en la UE 2002-2003, Viena, marzo de 2004. Véase

especialmente págs. 12–13, 225–241.

• Klug, Brian y Wistrich, Robert S. "Correspondencia entre el Prof. Robert Wistrich y Brian Klug: ¿Cuándo es

¿Oposición a Israel y sus políticas antisemitas?", Centro Internacional

para el estudio del antisemitismo, Universidad Hebrea de Jerusalén, obtenido

8 de septiembre de 2006.

• Lewis, Bernardo. "Antisemitismo musulmán"

en Rosenbaum, Ron. Los que olvidan el pasado, Random House, 2003, págs. 549–62.

• Kuruvila, Matthai Chakko. "Debate sobre el Área de la Bahía llamaradas por el 'nuevo antisemitismo'", San Francisco Chronicle, 27 de enero,

2007.

• López, Kathryn Jean. "Liberales y
La feminista proisraelí Phyllis Chesler habla sobre 'El nuevo antisemitismo'", National

Revisión en línea, 25 de noviembre de 2003.

• MacShane, Denis. "El antisemitismo es

atrás", The Guardian, 7 de septiembre de 2006.

• McGreal, Chris. "El 'nuevo' antisemitismo: ¿es
¿Europa presa del peor ataque de odio desde el Holocausto?", afirma el

Guardián, 25 de noviembre de 2003

• Minerbi, Sergio I. "Neo antisemitismo en

La Italia de hoy", Centro de Asuntos Públicos de Jerusalén, otoño de 2003.

• Nirenstein, Fiamma. Terror: el nuevo antisemitismo

Y la guerra contra Occidente, 2005. ISBN 1-57525-377-1

• Perla, Judea. ¿Es el antisionismo odio?, Los Ángeles

Veces, 15 de marzo de 2009.

· Pfeifer, Karl. "El antisemitismo unió a la izquierda y

Extremistas de derecha", Académicos por la paz en Oriente Medio.

· Tuberías, Daniel. El nuevo antisemitismo.

· Rich, Dave El problema judío de la izquierda

· Rosenblum, abril. "Si no estamos juntos,

¿Cómo?".

· Rosenthal, Juan. "Mitos de izquierda y izquierdistas

responsabilidad", Policy Review Online, consultado el 29 de agosto de 2006.

· Sacos, Jonathan. ¿Un nuevo antisemitismo? Junio de 2002.

· Samuels, Shimón. Aplicando las lecciones del

Holocausto: del particularismo al universalismo y viceversa.

· Sharansky, Natán. Sobre el odio a los judíos, comentario,

Noviembre de 2003.

· Sharansky, Natán. El nuevo antisemitismo, enero

1, 2002.

· Smith, Lewis. "Los judíos critican al profesor

boicot", The Times, 18 de abril de 2005,

· Quejas, Michael. "Reclutamiento islamista y
Antisemitismo en los campus británicos" (archivo DOC), Royal United Services

Instituto de Estudios de Defensa y Seguridad.

· Weill-Raynal, Guillaume [fr], Une Haine
imaginario: Contrainvestigación sobre el nuevo antisemitismo (Un odio imaginario:
investigación sobre el nuevo antisemitismo), París, Armand Colin, 2005, ISBN

2-200-26912-9.

· Wistrich, Robert S. Antisemitismo: el más largo

Odio. Libros del Panteón, 1992.

· Wistrich, Robert S. "El viejo-nuevo

Antisemitismo", The National Interest, número 72, verano de 2003.

• Wistrich, Robert S. "Antisemitismo europeo

Se reinventa", Comité Judío Americano, 2005.

• Wistrich, Robert S. "De la ambivalencia a la
Traición: la izquierda, los judíos e Israel (estudios sobre antisemitismo)".

Prensa de la Universidad de Nebraska, 2012

• Zuckerman, Mortimer B. "Graffiti sobre la historia

Walls, US News and World Report, 11 de marzo de 2003.

• " Trazando la línea: el 'nuevo antisemitismo'
versus crítica legítima a Israel", "Deje su punto",

Haaretz, 18 de julio de 2004.

• "El nuevo antisemitismo en Occidente

Europa", Comité Judío Americano.

• "El nuevo antisemitismo", cristiano

Acción por Israel.

• "La auditoría encuentra que el antisemitismo está aumentando en todas partes

Canadá", CTV News, 6 de marzo de 2003.

• "¿Antisemitismo en la Iglesia?",

BeitShalom.org

• "Post-Holocausto y antisemitismo",

Centro de Asuntos Públicos de Jerusalén, obtenido el 7 de septiembre de 2006.

• Gran colección de citas de filósofos hindúes.

y escritores contra el antisemitismo

• "La nueva cara del antisemitismo",

Departamento de Educación Judía Sionista, Agencia Judía para Israel.

Informes 3

• De fuentes gubernamentales e intergubernamentales

o Informe del Departamento de Estado (EE.UU.) sobre antisemitismo: Europa

y Eurasia, extraído de un artículo más extenso que cubre el período del 1 de julio de 2003

– 15 de diciembre de 2004].

o "Manifestaciones de antisemitismo en la Unión Europea

Unión" (PDF). Archivado desde el original (PDF) el 15 de abril de 2005. (751 KB)

Informe de la UE no publicado de 2003

o Informe anual sobre racismo y antisemitismo publicado por

Comisión Consultiva Nacional Francesa de Derechos Humanos 2004

• De la Liga Antidifamación

o "Sitios web engañosos intentan atraer

Activistas antiglobalización al movimiento neonazi", Antidifamación

Liga, 11 de julio de 2002

o Mapa de actitudes hacia los judíos en 12 países europeos

basado en una encuesta ADL de 2005.

o El nuevo antisemitismo en Europa y Medio Oriente:

La amenaza es "potente y muy real", dice el líder de la ADL en un discurso importante.

o "RESPUESTA, Anti Guerra
Manifestaciones y apoyo al terrorismo

Organizaciones", Liga Antidifamación, 22 de agosto de 2006.

o "Antisemitismo en exhibición", Antidifamación

Liga, 28 de enero de 2003.

· Del Comité Judío Americano

o Antisionismo en Gran Bretaña y más allá: una

¿Antisemitismo "respetable"? 21 de diciembre de 2003

o El pensamiento judío progresista y el nuevo antisemitismo,

diciembre de 2006

o Antisemitismo hecho en Irán: Día contra Al Quds, junio

2006

Enlaces externos

- La naturaleza del antisemitismo moderno en línea

conferencia del profesor David Bankier de Yad Vashem

- Entrevista "Voces sobre el antisemitismo" con Alain

Finkielkraut del Museo Conmemorativo del Holocausto de los Estados Unidos

- El dominio de Rosner: Robert Wistrich sobre el significado de

"nuevo" antisemitismo

- Un fragmento de la película "La Mente Abierta – Anti-semitismo,

Parte I (1981)" está disponible en Internet Archive.

- Un fragmento de la película "La Mente Abierta – Anti-semitismo,

Parte II (1981)" es

Los nazis, con la ayuda de un clérigo árabe, utilizaron el Islam.

extremistas como

https://docs.google.com/document/d/137TXA32ar-

STx7jtieYhI3POIdBjFFYaZ/edit?usp=drives-
dk&ouid=115358756129637454428&rt-
pof=true&sd=true

I Panorama del antisemitismo contemporáneo - INSS.
https://www.inss.org.il/wp-content/uploads/2022/01/
special-publication-28012022-1.Pittsburghs://deliv-
ery.email.israelunwired.com/NAVEJTKG-
WHD?id=153386=Ik4BVAQEUl1XT1UDBgAFAw-
BeVVABAgMAAlMEUgUDXlNWAgEDAwdU-
VFhRC1YL AA9QVwBKV1FaCFYNSgNQVg-
gJT1BcDE4DAFcEXg8FAwJSA1RcUwMEARoJ-
FUZBFgsYTgEEX1oXV0BPT1cLV1pcGghAEwUAX-
URfEQgTV1VLUlgMSi9yZSR4Zn0mZS5yD-
FlQHUVS&fl= CUZFFUIN-
TkoVVl8EX1dCE1sDRR1aUQRdBkoGXlweBQ0IU-
Vo=&ext=[1]

1. https://www.inss.org.il/wp-content/uploads/2022/01/special-publication-28012022-
1.Pittsburghs:/delivery.email.israelunwired.com/NAVEJTKG-
WHD?id=153386=Ik4BVAQEUl1XT1UDBgAFAwBeVVABAgMAAlMEUgUDXl-
NWAgEDAwdUVFhRC1YLAA9QVwBKV1FaCFYNSgNQVg-
gJT1BcDE4DAFcEXg8FAwJSA1RcUwMEARoJFUZBFgsYTgE-
EX1oXV0BPT1cLV1pcGghAEwUAXURfEQgTV1VLUlgMSi9yZSR4Zn0mZS5yD-
FlQHUVS&fl=CUZFFUINTkoVVl8EX1dCE1sDRR1aUQRdBkoGXlweBQ0IU-
Vo=&ext=dD1leUpoYkdjaU9pSklVekkxTmlJc0luUjVjQ0k2SWtwWFZD-
SjkuZXlKd0lqcGJiblZzYkN4dWRXeHNMQ0pvZEhSd2N6b3ZMM2QzZHk1cG-
MzSmhaV3gxYm5kcGNtVmtMbU52YlM5cGMzSmhaV3hwTFdGeVlXS-
npMWFJsY25KdmNtbHpkQzFzWldGa1pYSnpMejkxZEcxZmMyOTFjbU5sUFVwbF-
pXNW5KbXBsYlQwek1qSmtPVFF4TmpWbU9UT-
TNPR1JoT0ROOaE5HVTJOVGc0T1dWaU4ySm-
lOU0lzYm5Wc2JDd3hMR1poYkhObExHWmhiSE5sTENKbFl6YzRZV1JsWkMx-
alpUZGlMVFEwTVRNdE9UaGpaUzAzWWpRd05XTXlOVGc1WkRZaUxxD-

https://www.academia.edu/keypass/Q0ZENH-pleml4T3lUTElpZnBNVHYxbHhOc0R2S3F3UVd4SVB-Hd2V1TFhjWT0tLUFp-TXkzMWZqNTZ1SWIvYlpiSUZqMWc9PQ==—6c7e958ebb7a715-0787e8823/t/tdBpf-QFLvmri-nQajK/resource/work/39241385/Anti-Semitism_in_Turkey_2018_Moshe_Kantor_Data-base_for_the_Study_of_Contemporary_Anti-Semi-tism_and_Racism_Anti-Semitism_Worldwide_2018_Gener-al_Analysis_%D7%A7%D7 %A0%D7 %98%D7%95%D7%A8_%D7%9E%D7%A8%D7%9B%D7%96?email_davhy

q62q6ob =título

https://www.israelunwired.com/netanyahus-perfect-re-sponse-to-Anti-Semitism-on-must-see-bill-maher-seg-ment/

http://www.museumoftolerance.com/education/teacher-re-sources/holocaust-resources/Anti-Semitism-ahistorical-sur-vey.html.

20 Ver

https://www.un.org/sg/en/content/sg/statement/2018-09-26/secretary-generals-remarks-highlevel-event-power-education.

STFNV1k1WVRBMk9TMHdNMlZrTFRSbU1Ua3RPVGc0WVMweFpX-UmhOR1UyTVdNeU1EQWlMQ0l4T1dSbVptTTROaTB4WXpnM0xUUXlPR010WW-pnNVpDMDBNMlpqTlRGaE56Um1OelVpTENKb2RIUndjem92TDNkM2R5NXB-jM0poWld4MWJuZHBjbVZrTG1OdmJTOXBjM0poWld4cExXRnlZV0p6TFhS-bGNuSnZjbWx6ZEMxc1pXRmtaWEp6THlJc0ltTTNjRE5mTUNJc0ltVn-RZV2xzSWl3aVJGGTWlYU3dpYVdGMElqb3hOalkyT1RFNU5ESXh-mUS5ScFZDSk9KeVdFNTVIWjFqbWd2MHJycHFtNjlLMGFnYjVmRGk4Sl9ucVAw

21 Véase, por ejemplo, "https://www.nytimes.com/2019/07/27/world/middleeast/bds-israel-boycottantisemitic.html"

Omar Barghouti – Estrategias para el cambio, publicado

23/09/12, consultado el 19/09

59 YouTube, Las muchas mentiras de Omar Barghouti, publicado el 18 de junio,

consultado el 19/06; El Ministerio de Asuntos Estratégicos, Terrorista Trajeado

(página 17), publicado el 19/02, consultado el 19/09

60 Twitter, Movimiento BDS, publicado el 08/05/19, consultado el 19/09;

Twitter, Movimiento BDS, publicado el 14/06/19, consultado el 19/09;

Twitter, Movimiento BDS, publicado el 22/07/19, consultado el 19/09;

Twitter, Movimiento BDS, publicado el 18/08/19, consultado el 19/09; Twitter, BDS

Movimiento, publicado el 04/09/19, consultado el 19/09.

61 Twitter, Movimiento BDS, publicado el 14/06/19, consultado el 19/09;

Facebook, BDS Área de la Bahía de San Francisco, publicado el 09/08/19, ac-

cesado el 19/09; Twitter, Movimiento BDS, publicado el 18/08/19, consultado

19/09

ΰ Vimeo, Omar Barghouti – Estrategias para el cambio, publicado

23/09/12, consultado el 19/09

'Buscando un enemigo': ¿Por qué ha resurgido el antisemitismo en el mundo?

¿Oeste? - revisar

GLENN C. ALTSCHULER v Publicado el 5 DE NOVIEMBRE de

'Buscando un enemigo': ¿Por qué ha resurgido el antisemitismo en Occidente?

https://www.algemeiner.com/2023/09/14/plo-turns-fury-palestinian-intellectuals-behind-open-letter-condemning-abbas-Anti-Semitism/

https://jewishjournal.com/commentary/opinion/

346357/behind-the-scenes-of-amnesty-internationals-report-on-israel/

https://elpais.com/america-colombia/2023-09-19/petro-pide-en-un-duro-discurso-ante-la-onu-acabar-con-las-guerras-en-ucrania-y- palestina-y-salvar-al-planeta.html[2]

https://www-standwithus-com.cdn.ampproject.org/c/s/www.stand[3]

https://www.infobae.com/america/america-latina/2023/09/05/el-instituto-interamericano-para-la-democracia-organizara-el-foro-trata-de-personas-por-la-dictadura- de-cuba-esclavismo-en-el-siglo-xxi/[4]

https://www.algemeiner.com/2023/09/14/plo-turns-fury-palestinian-intellectuals-behind-open-letter-condemning-abbas-Anti-Semitism/

https://jewishjournal.com/commentary/opinion/346357/behind-the-scenes-of-amnesty-internationals-report-on-israel/

https://elpais.com/america-colombia/2023-09-19/petro-pide-en-un-duro-discurso-ante-la-onu-acabar-con-las-guerras-en-ucrania-y- palestina-y-salvar-al-plan-

2. https://elpais.com/america-colombia/2023-09-19/petro-pide-en-un-duro-discurso-ante-la-onu-acabar-con-las-guerras-en-ucrania-y-palestina-y-salvar-al-planeta.html

3. https://www-standwithus-com.cdn.ampproject.org/c/s/www.standwithus.com/amp/standwithus-condemns-abbas-latest-hate-speech

4. https://www.infobae.com/america/america-latina/2023/09/05/el-interamerican-institute-for-democracy-organizara-el-foro-trata-de-personas-por-la-dictadura-de-cuba-esclavismo-en-el-siglo-xxi/

eta.html[5]

https://www-standwithus-com.cdn.ampproject.org/c/s/www.stand[6]

77

https://www.infobae.com/america/america-latina/2023/09/05/el-instituto-interamericano-para-la-democracia-organizara-el-foro-t[7]beca

La homosexualidad en el Corán

https://www.bbc.com/mundo/noticias-internacional-63880959

https://m.jpost.com/diaspora/Antisemitism/article-721382?utm_source=ActiveCampaign&utm_medium=email&utm_content=US%2Bmidterm%2Belections%253A%2BWill%2Bthe%2BJewish%2Bvote%2Bplay%2Ba%2Brole%253F&utm_campaign=November% 2B5%252C%2B2022

El antisemitismo de la diáspora del Jerusalem Post 'buscando un enemigo': ¿Por qué ha resurgido el antisemitismo en Occidente? - revisar

Los árabes y los nazis:

https://www.linkedin.com/posts/standwithus_abbas-jews-uae-activity-7110005595235082240-

5. https://elpais.com/america-colombia/2023-09-19/petro-pide-en-un-duro-discurso-ante-la-onu-acabar-con-las-guerras-en-ucrania-y-palestina-y-salvar-al-planeta.html

6. https://www-standwithus-com.cdn.ampproject.org/c/s/www.standwithus.com/amp/standwithus-condemns-abbas-latest-hate-speech

7. https://www.infobae.com/america/america-latina/2023/09/05/el-interamerican-institute-for-democracy-organizara-el-foro-trata-de-personas-por-la-dictadura-de-cuba-esclavismo-en-el-siglo-xxi/

ymHd?utm_source=share&utm_medium=member_android

www.ingramcontent.com/pod-product-compliance
Lightning Source LLC
LaVergne TN
LVHW041155150826
845673LV00001B/166

* 9 7 9 8 2 2 4 5 6 3 0 7 4 *